JN209944

ブランド・コミュニティ

同一化が結びつきを強化する

羽藤雅彦 著

Hato Masahiko

中央経済社

はじめに

消費者は自らが好む対象を同じように好む他者と集まる傾向がある。近年，消費者を結びつける対象として注目されているのがブランドである。同じブランドが好きであるという類似性が消費者をつなぐのである。「類は友を呼ぶ」ということわざがあるように，類似性の高い人同士が集まる傾向があることは昔から知られている。田中（2017）がいうようにブランドというものが先史時代から存在しているとすれば，特定のブランドを中心とした人（消費者）の集まり，いわゆるブランド・コミュニティもその時期から存在していた可能性もある。しかし，ブランド・コミュニティが注目されるようになったのは最近のことで，この概念がMuniz and O'Guinn（2001）によって提唱されたのも約20年前でしかなく，まだまだ新しい研究分野だということができる。

ブランド・コミュニティが実務家や研究者から大きな関心を集めているのは，インターネット（以下，ネット）とりわけSM（ソーシャルメディア）の普及によるところが大きい。SM上で運営されるブランド・コミュニティの数は極めて多く，そこでは消費者がワンタップ / ワンクリックで気軽に参加できるため，多くの消費者がコミュニティに参加するようになったのである。これは，企業がブランド・コミュニティを通じてより多くの消費者との間に強固な関係性を構築・維持することができる可能性を高めた。こういった理由によってブランド・コミュニティは非常に注目され，研究も数多く発表されてきた。しかし，ブランド・コミュニティ研究にもいくつか課題がある。本書はその課題を解決することを目的としており，その点に本書の意義がある。

●本書の目的

本書では，この，実務家・研究者から高い関心が寄せられているブランド・コミュニティに着目して議論を行っていく。そこでの目的は大きく３つある。第１の目的は，ブランド・コミュニティ研究の独自性を探ることである。これまで行われてきたブランド・コミュニティ研究の多くはブランド研究の延長線上にブランド・コミュニティ研究を位置付けてきた。しかし，ブランド・コミュニティという言葉の通り，それはブランドとコミュニティを組み合わせた概念であることを鑑みると，ブランド研究のようなマーケティング的側面だけではなく，コミュニティ研究のような側面からも検討を加えていくことが必要であろう。もちろん，これまで発表されてきた研究がコミュニティ研究を無視してきたわけではないが，論文等では紙幅の都合上丁寧な議論ができなかったことも事実である。そこで本書では，ブランド研究のみならず，コミュニティ研究もレビューすることによってブランド・コミュニティ研究の独自性を探りたい。

第２の目的は，企業がブランド・コミュニティを管理するうえで目指すべき成果指標を何にすべきかを解明することである。企業はブランド・コミュニティを管理することによって，メンバーとブランドとの関係性をより強固にすることを目指している。これまで数多くの研究が発表され，さまざまな角度からコミュニティがメンバーに及ぼす影響が議論されてきた。しかし一方で，そこで提示された概念が十分に整理されていないため，メンバーとブランドとの関係性を強化することを目指すうえで，どういった概念を中核に位置づけるべきかがまだ十分に議論されていない。本書ではこの点を問題として認識し，先行研究で提示された概念を整理しながら，各概念間の影響関係を検討することによって，成果指標とすべき概念を明らかにしたい。

第３の目的は，本書で提示する成果指標を高める要因は何かを解明することである。いかなる要因が成果指標となりうるかを明らかにするだけでは企業がコミュニティを管理するうえでは不十分である。いかにそれを高めるかを把握していなければ具体的な施策を立案して実行することができない。そこで最後に，成果指標の先行要因について検討したい。

●本書の構成

ここで，本書の構成について述べておきたい。本書は3部構成になっている。第Ⅰ部においては先行研究のレビューを中心に行う。第Ⅱ部では，先行研究における問題点を複数ケーススタディと経験的検証により解決する。第Ⅲ部では，社会関係資本概念をブランド・コミュニティ研究に取り込み，先行研究の課題を解決するモデルを提示し，それを検証する。本書はブランド・コミュニティに関心のある研究者のみならず，実務家や学生を読者として想定している。研究者以外の方には方法論等，読みにくい部分もあるかと思うが，そういった部分は適宜読み飛ばしていただければと思う。各章で特に重要な点は小括にまとめてあるので，そちらを確認してもらいたい。以下では，各部の位置付けや各章でどういったことが議論されているかを簡単に紹介する。

第Ⅰ部では，先行研究のレビューを通じてブランド・コミュニティ研究の意義やその独自性を明らかにする。また，ブランド・コミュニティに注目するうえでは，メンバー同士の関係性とメンバーとブランドとの関係性に同時に注目する必要があり，それらがどういった影響関係にあるかを論じる。さらに，ブランド・コミュニティ研究における2つのアプローチ，相互作用アプローチと社会的同一化アプローチの存在を指摘するとともに，各アプローチの問題点について言及する。

第1章では，関係性を軸にマーケティング研究をレビューし，ブランド・コミュニティ研究の意義を明確にする。企業が競争優位を獲得するためには消費者と企業の間に長期継続的な関係性を築くことが重要であり，近年，消費者とブランドの間に直接的に結ばれる関係性にも関心が高まっていることを記述する。さらに，それぞれの研究分野の問題点を論じるなかで，ブランド・コミュニティ研究を行うことの意義を述べる。

第2章では，社会学におけるコミュニティ研究を中心にレビューし，ブランド・コミュニティとその他のコミュニティの類似性と差異性について確認する。本章を通じて，ブランド・コミュニティに注目するうえで重要視すべき概念について検討する。

第3章ではまず，ブランド・コミュニティ研究をレビューし，その独自性を確認する。次に，先行研究で提示されてきた諸概念を整理するなかで，ブランド・コミュニティ研究には2つのアプローチ，メンバー間における相互作用の頻度といった行動面を重要視する相互作用アプローチと，メンバーとコミュニティとの同一化といった心理面を重要視する社会的同一化アプローチが存在することを述べる。

第Ⅱ部では，相互作用アプローチが抱える問題の解決を試みる。その問題とは，先行研究はメンバー間の相互作用の頻度ばかりに着目し，その質についての議論があまり行われてこなかった点である。第Ⅱ部ではこの点について，複数ケーススタディと定量調査を行いながら，現実のコミュニティではどういった相互作用が行われているのか，さらに相互作用の頻度のみに着目することの妥当性について議論している。

第4章と第5章では，電子書籍専用端末（kobo）のコミュニティとスナック菓子（じゃがりこ）のコミュニティに筆者自らが入り込み，現実のコミュニティではさまざまな相互作用が行われていることを明らかにする。そして，多様な相互作用が行われているからといって，それがブランドとの関係性の強化に寄与しないわけではないことを論じる。ここでの分析は，消費者が管理するコミュニティ（kobo）と当該ブランドを管理する企業が管理するコミュニティ（じゃがりこ）を対象とすることによって，より幅広い視点から考察を行うことを心がけている。

第6章では，相互作用の頻度とブランドとの関係性の影響関係を経験的に検証する。本章では，複数ケーススタディの結果を参考に，それぞれを直接結びつけるのではなく，コミュニティとの同一化という変数を介して結びつけるべきであると考えて媒介分析を行う。

第7章では，メンバーのコミュニティ参加を促す要因について検討する。メンバーはコミュニティ内でブランドとの関係性とメンバー同士の関係性の双方を維持しており，そのどちらもを重要に感じている。そこで本章では，両者の関係性が強化されていくことによってメンバーのコミュニティへの参加意欲が高まっていくと考え分析を行う。

第Ⅲ部では，社会的同一化アプローチで議論されてこなかった，メンバーはどういったコミュニティを用いて同一化を行う傾向があるのかについて検討する。ここで着目したのがメンバー同士の関係性であり，それがコミュニティの魅力になりうることを述べる。そして，その魅力を生み出すメンバー同士の関係性を社会関係資本という概念で説明し，その影響関係を経験的に検証する。

第8章では，社会関係資本概念に着目し，その機能や下位構成概念について論じる。そのなかで，社会関係資本がコミュニティとの同一化を促す要因として機能しうることを明らかにしている。

第9章では，社会関係資本がコミュニティとの同一化を促し，メンバーとブランドとの関係性を強化することに寄与する過程を示した実証モデルを構築し，検証する。分析は，ブランド・コミュニティ参加者に対する意識調査のデータを用いて行う。これにより，ブランド・コミュニティにおいて社会関係資本がメンバーに及ぼす影響が明らかにされる。

おわりにでは，これまでの結果を踏まえたうえで，本書での発見事項をまとめ，そこから導き出される理論的・実務的貢献，今後の課題について述べる。

以上，本書での議論の流れを図示化したものが**図0**である。本書ではブランド・コミュニティをマーケティング研究とコミュニティ研究から幅広く論じ，その中核アプローチである相互作用アプローチと社会的同一化アプローチの優れた点を検討しながらブランド・コミュニティの機能やその役割を明らかにする。そして，ブランド・コミュニティ研究に新たな理論的枠組みと実践課題を提示する。

はじめに
第Ⅰ部
ブランド・コミュニティ研究の特徴と課題
第1章
関係性を軸とした
マーケティング
第2章
コミュニティ
第3章
ブランド・コミュニティ
第Ⅱ部
相互作用アプローチにおける課題の解決
第4章
kobo コミュニティの考察
第5章
じゃがり校の考察
第6章
相互作用の頻度と
ブランド・コミットメントの関係
第7章
コミュニティへの
参加を促す要因
第Ⅲ部
社会的同一化アプローチからの
ブランド・コミュニティの考察
第8章
ブランド・コミュニティにおける社会関係資本
第9章
社会関係資本がメンバーに及ぼす影響
おわりに：発見事項と貢献

図0 ● 本書の流れ

目　次

はじめに　i

第Ⅰ部　ブランド・コミュニティ研究の特徴と課題

第1章　関係性を軸としたマーケティング……3

1　リレーションシップ・マーケティング　3

1.1　リレーションシップ・マーケティングとは　3

1.2　関係性の2側面　6

1.3　リレーションシップ・マーケティングにおける中核概念　8

1.4　リレーションシップ・マーケティングにおける成果　9

1.5　リレーションシップ・マーケティング研究のまとめ　10

2　ブランド　11

2.1　ブランドとは　11

2.2　ブランド・エクイティ　13

2.3　ブランド・アイデンティティ　17

2.4　ブランド・エクスペリエンス　19

2.5　ブランド研究のまとめ　21

3　ブランド・リレーションシップ　22

3.1　ブランド・リレーションシップとは　22

3.2　ブランド・リレーションシップのダイナミズム　23

3.3　ブランド・リレーションシップの構成要素　25

3.4　ブランド・リレーションシップ研究のまとめ　27

4　小括：関係性はダイアドからトライアドへ　27

第2章 コミュニティ……29

1 地域コミュニティ 29

1.1 コミュニティ概念の起源とその複雑性 29

1.2 コミュニティ研究の系譜 31

1.3 コミュニティ問題 34

2 心理的コミュニティ 36

2.1 コミュニティ研究の新展開とその分類 36

2.2 コミュニティ感覚 38

2.3 ネット・コミュニティ 40

3 消費コミュニティ 41

3.1 消費コミュニティの概要とその特徴 41

3.2 マーケティング研究における消費コミュニティへの注目 42

4 小括：コミュニティを形づくる3要素 44

第3章 ブランド・コミュニティ……47

1 ブランド・コミュニティ研究の概要 47

1.1 ブランド・コミュニティ概念とその特徴 47

1.2 ブランド・コミュニティにおける関係性 50

1.3 ブランド・コミュニティ研究における問題点 51

2 ブランド・コミュニティにおける概念整理 52

2.1 概念整理の留意点 52

2.2 方法論と分析結果の概略 53

3 各概念についての検討 57

3.1 ブランドとの関係性（成果変数） 57

3.2 メンバー同士の関係性（先行変数・媒介変数） 62

4 ブランド・コミュニティ研究における2つのアプローチ 66
4.1 ブランド・コミュニティにおける中核概念 66
4.2 相互作用アプローチ 67
4.3 社会的同一化アプローチ 69
4.4 相互作用アプローチと社会的同一化アプローチの課題 71
5 小括：相互作用アプローチと社会的同一化アプローチ 72

第Ⅱ部 相互作用アプローチにおける課題の解決

第4章 kobo コミュニティの考察 77
1 分析の方法とその特徴 77
1.1 ネトノグラフィー 77
1.2 内容分析 80
1.3 調査対象選定の理由と分析手順 81
2 電子書籍市場の整理 84
2.1 電子書籍専用端末とストア 84
2.2 kobo 発売直後に寄せられた消費者の不満 85
3 メンバー間の相互作用に関する分析 85
3.1 相互作用の話題 85
3.2 コーディング結果 88
3.3 相互作用の方向性 91
3.4 ブランドとの関係性を強化するメカニズム 92
4 小括：多様な相互作用によるブランドとの関係性の強化 95

第5章 「じゃがり校」の考察 …… 98

1 調査概要 98

1.1 調査対象と分析手順 98

1.2 調査対象選定の理由 99

2 「じゃがり校」について 100

2.1 じゃがり校の概要 100

2.2 じゃがり校での活動 102

3 メンバー間の相互作用に関する分析 104

3.1 相互作用の多様性 104

3.2 ブランドとの関係性を強化するメカニズム 107

4 小括：雑談によって強化されるブランドとの関係性 111

第6章 相互作用の頻度とブランド・コミットメントの関係 …114

1 仮説の構築：媒介変数としてのコミュニティとの同一化 114

2 調査概要：誰に何を聞いたか 116

2.1 調査対象 116

2.2 測定尺度 118

3 仮説検証：コミュニティとの同一化が相互作用とブランド・コミットメントを結びつける 119

3.1 測定尺度の信頼性と妥当性 119

3.2 分析結果 120

4 小括：相互作用アプローチの限界 121

第7章 コミュニティへの参加を促す要因 …… 123

1 仮説の構築：なぜメンバーはコミュニティへ参加するのか 123

1.1 コミュニティへの参加動機 123
1.2 実証モデルと仮説 126
2 測定尺度 130
3 仮説検証：集団／ブランドレベルの動機それぞれが同程度に自発性に影響を及ぼす 132
3.1 測定尺度の信頼性と妥当性 132
3.2 分析結果 133
4 小括：メンバーの自発性を高める要因 134

第Ⅲ部 社会的同一化アプローチからのブランド・コミュニティの考察

第8章 ブランド・コミュニティにおける社会関係資本………139
1 魅力を生み出すメンバー同士の関係性 139
2 社会関係資本とその機能・役割 140
2.1 社会関係資本とは 140
2.2 社会関係資本を生み出すネットワーク 143
2.3 社会関係資本の類型 144
2.4 社会関係資本が生み出す成果 146
3 ブランド・コミュニティにおける社会関係資本の下位構成概念 148
3.1 信 頼 148
3.2 互酬性 150
4 小括：コミュニティの魅力を高める社会関係資本 151

第9章　社会関係資本がメンバーに及ぼす影響……153

1　仮説の構築：コミュニティとの同一化を促す社会関係資本　153

2　調査概要：誰に何を聞いたか　157

2.1　調査対象　157

2.2　測定尺度　158

3　仮説検証：
社会関係資本は間接的にブランドとの関係性を強化する　160

3.1　測定尺度の信頼性と妥当性　160

3.2　分析結果　161

4　小括：メンバーがブランド・コミュニティから受ける影響　163

おわりに：発見事項と貢献……165

あとがき　173

参考文献　175

索　　引　195

第 I 部

ブランド・コミュニティ研究の特徴と課題

Summary

第Ⅰ部では，ブランド・コミュニティ研究を行うことの意義やその特徴，先行研究における課題を明らかにする。第１章ではまず，関係性に着目してきたマーケティング研究について考察する。そのなかで，マーケティング研究とブランド研究がともに同じ方向性を目指すようになったことを論じる。そして，その流れのなかでブランド・リレーションシップ研究が登場し，さらにはそこでの欠点を補うべくしてブランド・コミュニティ研究が注目されるようになったことを明らかにする。

第２章では，社会学を中心に発展してきたコミュニティ研究に注目することによって，そもそもコミュニティとはどういった概念であるのかについて詳述していく。そのなかで，ブランド・コミュニティを議論するうえではどういった概念に注意すべきかについて，コミュニティ研究の観点から明らかにする。

第３章では，これまでに発表されてきたブランド・コミュニティ研究を検討していくなかで，本書で着目していくブランド・コミュニティの概要やその特徴，課題について論じていく。

第 1 章

関係性を軸としたマーケティング

1 リレーションシップ・マーケティング

1.1 リレーションシップ・マーケティングとは

本章では，ブランド・コミュニティ研究の観点から消費者行動を考察する意義を明らかにするため，関係性概念を軸に扱ったリレーションシップ・マーケティング研究，ブランド研究，ブランド・リレーションシップ研究を整理する。まずは，リレーションシップ・マーケティング研究について議論したい。

リレーションシップ・マーケティングはBerry（1983）やLevitt（1983）が提唱して以降，多くの研究が行われてきた研究パラダイムであり，そこでは新規顧客を獲得するよりも，既存顧客を維持することが重要だと考えられている。Grönroos（1994）はリレーションシップ・マーケティングを，「顧客（やその他の関係者）との関係を特定し，構築し，維持し，向上させ，そして必要なときは終わらせることである。そうすることで，全ての関係者の経済上及びその他の変数に関する目的は叶えられる。これは，相互の交換と約束を果たすことを通じて達成される」（p.9）と定義する。ここからわかるように，リレーションシップ・マーケティングとは関係を結ぶ対象の選定から始まり，関係の構築や維持，締結の決定までを含む長期的な時間軸を持つマーケティング・パラダイムである。

Sheth and Parvatiyar (1995a) は，リレーションシップ・マーケティングと，それが広く受け入れられる以前の支配的マーケティング・パラダイムであった交換を軸としたいわゆる交換マーケティングの違いを次のように述べる。交換マーケティングにおいては，売り手と買い手が互いに自立していることを前提に議論が展開された。そこでは，売り手が買い手の需要を創造したり拡大することが重要であり，買い手の需要を満たす商品を提供することによって企業は買い手との間に交換関係を構築することができると考えたのである。ここでの交換関係では，長期的な時間軸を念頭に置いておらず，単発的な交換関係を想定している。しかし，リレーションシップ・マーケティングでは売り手と買い手とが共に価値を生み出すという価値共創へと関心が移り，売り手はその実現のために買い手との関係性を長期的に管理することが重要と考えられた。換言すると，交換マーケティングではいかに価値を提供するかといった価値提供とその結果としての交換関係が，リレーションシップ・マーケティングでは価値共創とそれを実現させるための関係性の管理，いわば継続的な交換に至るまでの過程に注目している。以上のように，リレーションシップ・マーケティングでは企業は顧客と対話をするなかで価値を共創することが必要となるために，両者間には共通の利益を目指す相互依存関係が存在すると考えられている

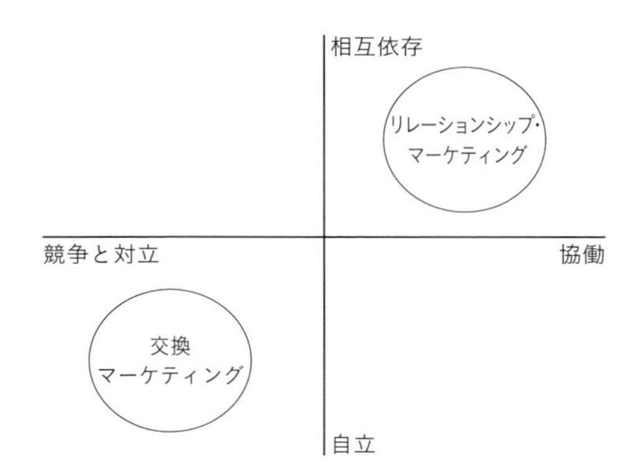

（出所）Sheth and Parvatiyar (1995a, p.412) を参考に筆者作成。

図1－1 ● リレーションシップ・マーケティングと交換マーケティングの特徴

(Grönroos 2007)。

こういったリレーションシップ・マーケティングの特徴は**図1-1**のように示される（Sheth and Parvatiyar 1995a)。ここでは，横軸に「協働」と「競争と対立」，縦軸に「相互依存」と「自立」を置き，リレーションシップ・マーケティングは，それ以前の競争と対立，自立を前提とした交換マーケティングと異なり，協働かつ相互依存を前提としたマーケティング活動であることが強調される。こういったことから，交換マーケティングからリレーションシップ・マーケティングへの関心の移行は，マーケティングの役割を「顧客の操作」から「顧客の真の関与を引き出すこと」に変化させたともいわれる(McKenna 1991, p.68)。このように，リレーションシップ・マーケティングにおいては，売り手と買い手とが協力して価値を作り上げるという点が重要となる。

次に，リレーションシップ・マーケティングが注目されるようになった理由について検討したい。ここでは，陶山・梅本（2000）が述べる3つの理由に注目する。第1は，市場環境の変化である。とりわけ大きな変化を生み出したのがICT（Information and Communication Technology）であり，これによって多くの企業が顧客の情報を低コストかつ容易に管理できるようになったことが挙げられる。ICTを活用し，顧客情報を利用すれば，1人ひとりの顧客に合わせたより効果的なマーケティング戦略を構築することができるのである。この結果，企業はより長期的な視点で顧客との関係性を維持することを目指せるようになった。

第2は，交換や取引の態様の変化である。多くの市場が成熟した結果，新規顧客を獲得することが困難となった。さらに，新規顧客を獲得するためにかかるコストが，既存顧客を維持するために必要なコストの5倍かかること，企業全体の売上構成の8割を2割の優良顧客が占めることに見られるように，新規顧客を獲得するよりも既存顧客を維持することが経営戦略としても有効なことが明らかとなった。また，買い手と売り手の役割が曖昧になり，双方が価値を生み出すことが増加し，双方の行為者が独立的な関係にあるのではなく相互依存的な関係にあることが見られるようになったことも指摘される（Sheth and Parvatiyar 1995b）。

第３は，交換や取引の対象の変化である。パソコンや自動車などの高度にシステム化した商品が増えたため，メンテナンスやカスタマイズといったアフターマーケットが拡大し，顧客との間に長期的な関係性を築くことが重要となった。この変化はこれまで存在しなかった市場が新しく生まれたことを意味する。

以上のような理由によって，1980年代以降に交換マーケティングからリレーションシップ・マーケティングへと次第に関心が移行したのである。

１.２　関係性の２側面

リレーションシップ・マーケティングで扱われている顧客と企業の関係性に関する議論は，社会心理学で人間関係を対象に研究が進められてきた理論を援用している。人と人の間に結ばれる関係は，行為者間で行われる交換を支配する規則や規範に基づき，交換的関係（exchange relationship）と共同的関係（communal relationship）に大別することができる（Clark and Mills 1993;Mills and Clark 1982）。Mills and Clark（1982）によると，交換的関係とは自らがしたことに対して何らかの返礼を期待することや過去に受け取った便益に対してのお返しを行うといった等価交換を前提とする関係である。共同的関係とは返礼を期待せずに何かをしてあげることを前提とした，利他的な行動を行い合う間柄を示す関係である。

Millsらの分類以外にも，Fiske（1992）は共同的共有（communal sharing），権威的序列（authority ranking），均等化（equality matching），利益計算（market pricing）の４つの水準によって人間関係を考察することを推奨する。しかし，理解の容易さと，マーケティング研究ではMills and Clark（1982）による２分類を採用した研究が進められていることから（e.g. Aggarwal 2004;Aggarwal and Law 2005;Mathwick 2008; 久保田 2012），本書でもこの２分類を採用して議論を進める。

久保田（2012）はこの２種類の関係性をリレーションシップ・マーケティン

グの文脈に当てはめ，顧客と企業の関係性を交換的関係と共同的関係の両側面から検討する。元来，商的関係では売り手と買い手の間に交換的関係があることは自然なことであり，マーケティング研究でも大前提としてこの交換的関係が想定されていた。しかし，顧客と企業の関係はそれのみで説明できるわけではなく，そこには共同的関係の存在が見られる。たとえば，Arnould and Price（1993）は顧客とサービス提供者の間には社会的な絆が生まれることを確認しているし，Schouten and McAlexander（1995）でも同じように顧客とサービス提供者が情緒的なつながりで結ばれている様子が描写されている。このため，顧客と企業の関係性は交換的関係と共同的関係の両側面から検討することが求められるというわけである。そして，久保田（2012）は，これらの関係をより強固なものにしていくためには顧客が有するコミットメントを高めていくことが重要であることを主張している。なお，交換的関係と共同的関係は二律背反的なものではない点に留意したい（Mathwick 2002;Mills and Clark 1982; 久保田 2012)。

ところで，リレーションシップ・マーケティングの起源に目を向けると，Möller and Halinen（2000）は，ビジネス・マーケティング研究，マーケティング・チャネル研究，サービス・マーケティング研究，データベース・マーケティング研究といった4つの研究分野を基礎にリレーションシップ・マーケティングの理論蓄積が行われていると指摘している。そして，リレーションシップ・マーケティングは顧客志向的な「市場ベース」の理論と組織間志向的な「ネットワークベース」の理論を含んでいるため，統一的な理論を構築することが困難であると述べる。このような主張があるものの，久保田（2003a）は，リレーションシップ・マーケティングの基盤的アプローチを個別に検討し，それぞれのアプローチを統合したモデルを構築することでリレーションシップ・マーケティングの全体像を把握することが可能であると論じる。そこで久保田（2003a）が注目した基盤的アプローチが経済的アプローチと社会的アプローチであり，それぞれが交換的関係に重きを置くアプローチと，共同的関係に重きを置くアプローチとして前述の議論に対応する。このようなことからも，リレーションシップ・マーケティングでは顧客と企業の関係性を交換的関係と共同的関係の両側面から検討すべきであることがわかる。

1.3 リレーションシップ・マーケティングにおける中核概念

リレーションシップ・マーケティング研究では，その中核概念としてコミットメントと信頼に多くの関心が寄せられている（Morgan and Hunt 1994; Palmatier *et al.* 2006; 久保田 2003a, 2012）。たとえば，Morgan and Hunt（1994）はリレーションシップ・マーケティングを成功させるには信頼とコミットメントが必要不可欠だと指摘し，とりわけコミットメントの重要さを強調する。リレーションシップ・マーケティングで述べられるコミットメントとは，「価値がある関係性を継続させようとする持続的な欲求」（Moorman, Zaltman and Deshpandé 1992, p.316）や「交換相手との関係性を維持するためには最大限の努力が認められると信じること」（Morgan and Hunt 1994, p.23），「ある交換当事者が，交換相手との間に結びつきを感じ，またその相手との関係について，これを維持するために最大限の努力が正当化されるほど重要であると信じていること」（久保田 2012, p.78）と定義される。このように，コミットメントとは交換相手との関係性が重要なので，それを継続させようとする行動意図であるため，そこには当該関係が不可欠なものであるといった前提が存在する（Morgan and Hunt 1994）。

コミットメントは関係性の類型に応じて計算的コミットメントや感情的コミットメントといったように，多次元的に捉えることが可能である。交換的関係には損得勘定に基づく計算的コミットメントがより重要であるし，共同的関係には好意的な態度に基づく感情的コミットメントが重要という具合である。コミットメントの次元数については，たとえば，Jap and Ganesan（2000）や Morgan and Hunt（1994）は１次元，Gilliland and Bello（2002）や久保田（2012）は２次元，Gruen, Summers and Acito（2000）は３次元で捉えている。しかし，久保田（2012）は，３次元的把握は未だその妥当性が確認されておらず，１次元的ないしは２次元的に把握することが適当だと述べる。さらに，リレーションシップ・マーケティングを包括的に捉える際には1次元的把握が有効であり，コミットメントの影響やその性質を検討するためには2次元的把握が有効であると主張している。

信頼について詳しくは後述するが，信頼が必要となる状況は情報が正確でないと損をする場合や資源の価値について不確実性が高い場合である（山岸 1998）。したがって，相手が誠実な対応をすることがわかっていれば，信頼は不必要である。しかし，現実的には相手の行動を完璧に把握したり規制することは困難であるため，リレーションシップ・マーケティングでは信頼の醸成が重要視される。また，信頼はコミットメントの先行変数であることが多くの研究者によって実証されていることもここで指摘しておきたい（Morgan and Hunt 1994; Palmatier, Dant and Grewal 2007; Wilson 1995; 久保田 2012）。

Palmatier *et al.*（2006）はリレーションシップ・マーケティング研究の関連文献を100以上集めてメタ分析を行い，先行研究で提示されてきた概念を先行変数，媒介変数，成果変数に分類したモデルを構築し，それぞれの影響関係を検証した。その結果，媒介変数であるコミットメントや信頼はクチコミ意向やロイヤルティといった成果に強く影響を及ぼすことを明らかにした。そして，それらの先行変数としては，売り手の専門性（seller expertise）やコミュニケーションの量や質が挙げられると指摘している。コミュニケーションを行うことにより行為者間の考えの不一致や買い手の不安を減少させることができたなら，コミットメントや信頼を形成することができるため，一度築いた関係性を長期継続的なものにすることができる。考えの不一致を解消することが求められるため，コミュニケーションの量のみに注目するのではなく，その質や売り手の専門性も取り上げている点には留意したい。

1.4　リレーションシップ・マーケティングにおける成果

リレーションシップ・マーケティングは関係性を管理することに注目したマーケティング・パラダイムであり，関係性を維持するなかで顧客と価値を共創することが課題となる。したがって，その成果として多くの研究で協力

(cooperation) という変数が挙げられる (Anderson and Narus 1990; Morgan and Hunt 1994; Palmatier *et al.* 2007)。

他にも，コミットメントや信頼を高めることで，企業への愛着が生じ継続的に商品を利用したいという態度的・行動的ロイヤルティ，クチコミ意向が向上することが先行研究から明らかになっている (e.g. Anderson 2005; Morgan and Hunt 1994; Palmatier *et al.* 2006, 2007; 久保田 2012)。以上のように，リレーションシップ・マーケティングに成功したならば，顧客は企業との価値共創に積極的に協力をしたり，当該企業の商品を継続的に購入する傾向があることが明らかになっている。

1.5 リレーションシップ・マーケティング研究のまとめ

ここまでのレビューを通じて明らかになるのは，リレーションシップ・マーケティングは誰とどのような関係性を結ぶかを選定し，一度結んだ関係性をどのように維持あるいは締結させるかといった関係性の管理を中核とした研究分野だということである。関係性を管理するうえではコミットメントや信頼という概念に注目が集まり，それらを高めることでロイヤルティやクチコミ，協力といった成果につながることがこれまでの研究から明らかになった。クチコミや協力といった成果からわかるように，顧客を単なる受動的な存在として扱うのではなく，積極的に働きかけることで価値を共に作り上げることのできるパートナーと捉えている点にリレーションシップ・マーケティングの特徴がある。

以上のように，リレーションシップ・マーケティング研究では，媒介変数やその先行変数，成果変数まで幅広く検討されている。しかし，リレーションシップ・マーケティング研究にも見過ごされてきた点がある。調査対象の多くが企業間の関係性に注目しており，消費者と企業の関係性を対象とした研究が十分に行われてこなかった点である (Sheth and Parvatiyar 1995b)。消費者との関係性に着目してきたのがブランド研究であり，それは主に消費財市場を対象に研究が進められてきた。消費財マーケティングにおいては，小売業や卸売業といった中間業者が介在することが多く，売り手たる製造企業が最終顧客と直接関係性を結ぶことが困難である（久保田 2003b）。そのため，製造企業は消費者との間に直接関係性を構築するのではなく，ブランドや商品といった自社企業が直接管理することのできる媒介物を通して関係性を結ぶ必要がある（Fournier 1998; 和田 2002）。そのなかでも，ブランドは消費者と企業を結ぶ結節点として機能することが指摘されており（陶山・梅本 2000），実務の面においてもブランドのそういった役割が重要視されてきた。こういったことから，消費者との関係性についてはブランドを軸に研究が進められてきた。次に，リレーションシップ・マーケティング研究において見過ごされてきた点に注目してきたブランド研究について検討したい。

2　ブランド

2.1　ブランドとは

Aaker（1991）がブランド・エクイティという概念を提示して以降，ブランドは世界中で注目され活発に研究が行われるようになった。そこで Aaker（1991）が定義したブランドとは，「ある売り手あるいは売り手のグループからの財またはサービスを識別し，競争業者のそれから差別化しようとする特有の（ロゴ，トレードマーク，包装デザインのような）名前かつまたはシンボル」（p.7；邦訳 p.9）である。ブランドには他にも多くの定義がある。たとえば，American Marketing Association（AMA）はブランドを「ある売り手や売り手グループの財やサービスを識別したり，競合他社のそれらと差別化するための名前，言葉，サイン，シンボル，デザイン，あるいはその組み合わせ」（Bennett 1995, p.25）と規定する。他にも，Kapferer（1992）は「名前あるいは製品やサービスに印刷あるいはマークされている印」（p.15）と定義する。このように，1990年代初頭の定義ではブランドを，競合他社あるいはその製品・サービスから差別化するために用いられる名前やロゴ，シンボルといった記号と捉えている。

表1－1 ■ ブランド研究の変遷

時代区分	1985～95年	1996～99年	2000年～
主たるブランド概念	ブランド・エクイティ	ブランド・アイデンティティ	ブランド・エクスペリエンス
ブランドの位置づけ	マーケティングの結果	マーケティングの起点	マーケティングの仕掛け
基本認識	無形資産的価値	ブランドのあるべき姿	ブランドの経験価値

（出所）青木（2006, p.18）を参考に筆者作成。

しかし，陶山（2002）は名前やサインなどそれ自体はブランドにはならないと指摘する。そして，それらは単なるブランド要素でしかなく，こうした記号が財やサービスと一体になりある一定のまとまりを持つ意味情報を発信したときにはじめてブランドになるとし，「自社およびその製品・サービスを識別したり差別化するための一定のまとまりとその意味を持つ記号情報の集合」（p.63）をブランドと定義した。石井（1999）もまた，ブランドの持つ意味性に注目し，「メッセージ性を持つあるいは，実体に左右されない独自の価値を持ったネーム」（p.112）をブランドと捉えている。O'Guinn and Muniz（2009）も，ブランドの意味性を強調し，ブランドを「消費者が共有する意味の器（vessel）」（p.174）であると端的に規定している。田中（2017）でも，「交換の対象としての商品・企業・組織に関して顧客がもちうる認知システムとその知識」（p. 8 ）と定義する。

これらの定義を概観すると，初期のブランド研究ではブランドを競合他社の製品やサービスと差別化するための名前やロゴ，サインといった記号情報と定義付けていたが，次第にブランドとはその記号情報から連想される象徴的な意味やメッセージを含めたものへと変化したことがわかる。このようなブランド概念の変化から，本書ではブランドを陶山（2002）の定義を参考に，「何らかの意味を持つ記号情報の集合」と簡潔に規定しておく。これによって，ブランドとは単なる記号情報でも意味でもなく，それらが組み合わさることによって構成されることを強調しておく。また，識別したり差別化するといった機能に関わる点については定義から除き，ブランドという概念とそれが有する機能とを明確に区分しておく。

青木（2006）はブランドに関連する研究を，その研究が報告された時代によって大きく3つに分類できると述べる。それらは，マーケティング活動の結果としてのブランド・エクイティの時代，マーケティング活動の起点としてのブランド・アイデンティティの時代，マーケティング活動の仕掛けとしてのブランド・エクスペリエンスの時代である（**表1－1**）。

この区分に従うと，ブランド・エクイティ論が登場することで，ブランドは無形の資産と考えられるようになり，マーケティング活動を行った結果としてのブランドと評価されるようになった。その後，ブランド・アイデンティティ概念が提唱されてからは，利害関係者間で当該ブランドのアイデンティティを明確にし，共有することによって強力なブランドを構築することができると論じられるようになる。すなわち，マーケティング活動の起点としてブランド・アイデンティティが捉えられた。さらに，より強力なブランドを構築するうえで，消費者がブランドと接するコンタクト・ポイントやそこで消費者が得られるブランドの経験価値の管理といった具体的な議論である，ブランド・エクスペリエンス概念へと関心が移行した。以下ではそれぞれの概念に注目してより詳細にブランド研究を整理したい。

2.2　ブランド・エクイティ

まず，検討するのはマーケティング活動の結果としてのブランド，ブランド・エクイティ研究である[1]。前述したとおり，ブランド・エクイティとはAaker（1991）が提示した概念である。Aaker（1991）はブランド・エクイティを「ブランド，その名前やシンボルと結びついたブランドの資産と負債の集合である。そしてエクイティは，企業かつまたは企業の顧客への製品やサービスの価値を増やすか，または減少させるもの」（p.15; 邦訳 pp.20-21）と定義し，5つの要素，(1)ブランド・ロイヤルティ，(2)ブランド連想（イメージ），(3)ブランド認知，(4)知覚品質，(5)その他の所有権のある資産から構成されると

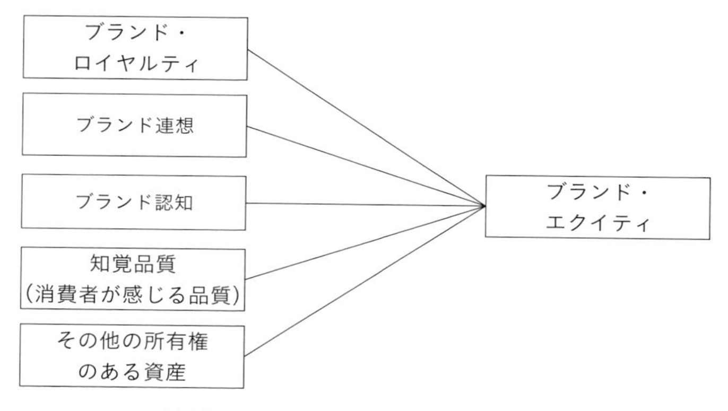

（出所）Aaker（1996, p. 9）を参考に筆者作成。

図１-２●ブランド・エクイティの構成要素

考えている（**図１-２**）。

ブランド・エクイティ概念が提唱されるまでは，ブランドはマーケティング上のネーミング，すなわち「手段としてのブランド」と捉えられ，他社の商品と区別するために重要な要素と考えられる程度であった。しかし，ブランド・エクイティ論によりブランドを資産として扱うことの意義が説かれたことで，その認識が変化した。ブランドは，適切に管理されていれば，企業に長期的な利益をもたらす資産として機能する[2]ことが知られるようになったのである（青木 2006）。実際，企業はブランド・エクイティを構築することにより，ライバル企業から価格競争以外の面で競争優位を獲得できるようになるとともに，M&A の決定や株式市場からも肯定的な反応が得られることが明らかにされている（Aaker 1991; Mahajan, Rao and Srivastava 1994; Yoo, Donthu and Lee 2000）。こういった結果により，ブランドを育成するという視点が企業に取り入れられ，ブランド・エクイティが企業における重要な管理指標として扱われるようになった。

Keller（1993）も同時期に，顧客ベースのブランド・エクイティという概念を提示し，その定義を「あるブランドのマーケティング活動に対する消費者の反応にブランド知識が及ぼす差別化効果」（Keller 1998, p.45; 邦訳 p.78）とし

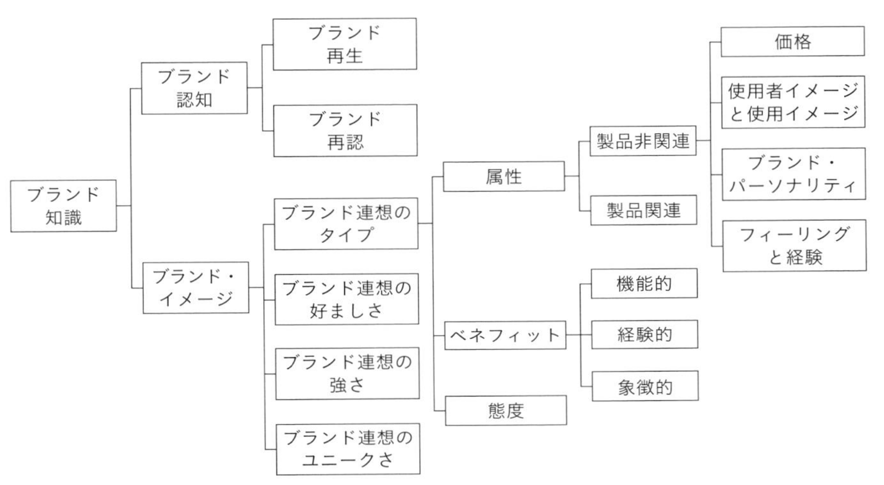

（出所）Keller（1993, p.7）を参考に筆者作成。

図1-3 ● ブランド知識の構造

ている。この概念は，Kellerが顧客ベースという用語を用いていることからわかるように，Aakerの提示する企業の管理指標的な意味でのブランド・エクイティとは異なり，消費者行動の視点からブランド・エクイティを捉えている。顧客ベースのブランド・エクイティの特徴は，その源泉を消費者の持つブランド知識に求めている点である。ブランド知識を構成する要素にはブランド認知とブランド・イメージがあり，ブランド認知はさらにブランド再生とブランド再認，ブランド・イメージはブランド連想のタイプ，好ましさ，強さ，ユニークさに分けられる（**図1-3**）。ブランド認知はブランドを知っているかどうか，ブランド・イメージはブランドの何を知っているかを示している。Kellerはこの知識構造を示すことで，顧客ベースのブランド・エクイティは，当該ブランドの認知度を高めることと，好ましく，強く，ユニークなイメージをブランドに付与することで蓄積可能であることを主張した。

Keller（2008）は他にも，顧客ベースのブランド・エクイティ・ピラミッドという概念モデルを提示している（**図1-4**）。そこで，企業が強いブランドを構築する場合，４つの段階を踏まなければならないと主張している。第１段階目は，起点としてのブランドの構築，すなわちブランド・アイデンティティを明確化し共有することである。セイリエンスとは突出性のことであり，さまざまな場や状況でどれだけ頻繁，あるいは容易にブランドを思い出せるかのことである。第２段階目は，ブランドに意味を付与すること（ミーニング）である。消費者の心にブランドの意味のまとまりを構築することによって，ブランドがより豊かな存在になる。第３段階目は，ブランド・アイデンティティとブランド・ミーニングに対し，消費者が適切に反応（レスポンス）するように仕向けることである。第４段階目は，ブランドへの消費者の反応を変化させ，消費者とブランドの間に強い関係性（リレーションシップ）を構築することである。レゾナンスとは，消費者がブランドに同調することを意味する。久保田（2009）は第４段階目のブランドとの関係性において，企業の目標は消費者とブランドとの同一化だと指摘する。そして，消費者が当該ブランドを「もう１人の自分」と捉えるからこそ無償にもかかわらず，積極的にブランドの支援活動をするといった消費者の行動も説明することができるとしている。

ミーニングとレスポンスにあたる２層と３層がそれぞれ左右に分割されているが，それはブランド構築には２つのルートが存在するためである。左側のパフォーマンスとジャッジメントが合理的なルートを，右側のイメージとフィーリングが情緒的なルートを示している。強固なブランドを構築するためにはパ

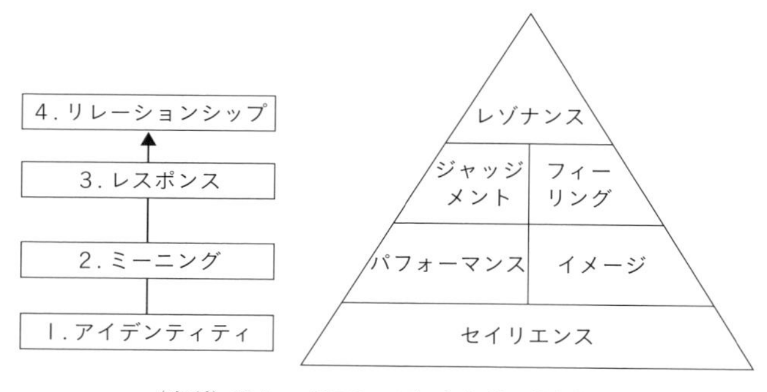

（出所）Keller（2008, p.60）を参考に筆者作成。

図１－４ ●顧客ベースのブランド・エクイティ・ピラミッド

フォーマンスを高めるといった理性的で合理的な側面と，好意的なイメージを消費者に植え付けるといった主観的で情緒的な側面の双方に注力すべきであることがここで強調されている。それにより消費者とブランドとの交換的関係と共同的関係が強化され，ブランド・リレーションシップを形成することが可能になる。

ブランド・エクイティという概念については批判もある。それまでも議論されてきたブランド・イメージやブランド・ロイヤルティをより上位の概念で包含しただけというものである。こういった指摘もあるが，青木（2011）はブランド・エクイティ論の意義について次のように述べる。ブランド研究は1950年代から始まるが，ブランド・エクイティ論が登場するまでは，ブランド研究ではブランド・イメージやブランド・ロイヤルティといった個別の概念について議論することが主だった。それゆえ，ブランドに対する認識も断片的なものでしかなかった。しかし，ブランド・エクイティ論が登場したことで，それまで個別に議論されてきたブランド・イメージやブランド・ロイヤルティといった概念がブランド・エクイティという概念の下で包括的に議論されることになった。これにより，ブランドをより全体的な視点から捉えることの重要性が共有されることとなった。このように，ブランド・イメージやブランド・ロイヤルティといった概念をブランド・エクイティという概念の構成要素に位置付け，それが顧客や企業に価値をもたらすことを体系的に示し，人々のブランドへの意識の変化を生み出した点にブランド・エクイティという概念の意義があるというわけである。

2.3　ブランド・アイデンティティ

ブランド・アイデンティティは，ブランド・エクイティを形成するためには欠かすことのできない要素である。ブランドのアイデンティティが明確だからこそ消費者自身が当該ブランドを用いて自己を表現したり，ブランドとの一体感を覚えるといったレゾナンスに到達することが可能となる。ここでブランド・アイデンティティとは，Aaker（1996）によって提唱された概念であり，

「ブランド戦略策定者が創造したり維持したいと思うブランド連想のユニークな集合である。この連想は，ブランドが何を表しているかを示し，また組織の構成員が顧客に与える約束を意味する」（p.68; 邦訳 p.86）と定義される。換言すると，ブランド戦略策定者が消費者にブランドをどう知覚して欲しいかといった考えをまとめたものがブランド・アイデンティティである。ブランド・アイデンティティは4つのブランド，製品としてのブランド，組織としてのブランド，人格としてのブランド，シンボルとしてのブランドから構成され，そこにはコア部分と拡張部分が存在する（Aaker 1996）。

製品としてのブランドとは製品に関連したイメージのことであり，組織としてのブランドとは当該ブランドを管理する企業についてのイメージを意味する。人格としてのブランドとはブランドが有する人的特性の集合，いわゆるブランド・パーソナリティであり，シンボルとしてのブランドとはブランドを表すすべてのものを示し，ビジュアル・イメージやメタファー，ブランドの伝統に代表される。

陶山・梅本（2000）は Aaker が示したブランド・アイデンティティの構成要素を階層構造で示した（**図1－5**）。それによると，ブランド・アイデンティティとは，シンボルとしてのブランドといった1次連想，人格としてのブラン

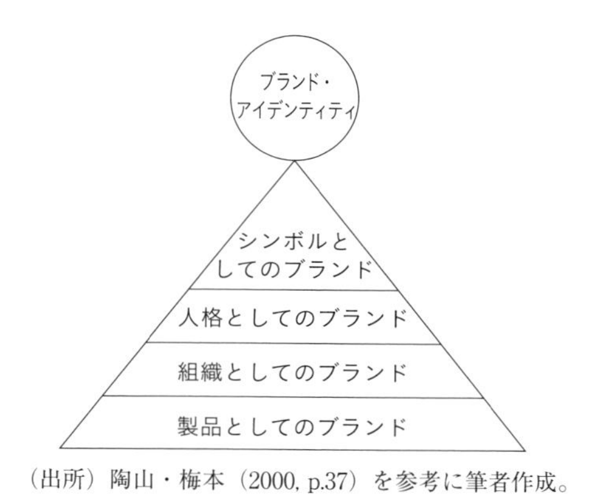

（出所）陶山・梅本（2000, p.37）を参考に筆者作成。

図1－5 ● ブランド・アイデンティティの構造

ドや組織としてのブランド，製品としてのブランドといった２次連想が有機的かつ階層的に統合化されることによって形成される。ピラミッドの下層に位置するブランド連想ほど具体的であり，上層に行くほど連想が抽象化されるといった特徴を持つ。これらの要素を統合的に管理することで強固なブランド・アイデンティティが形成されるというわけである。

前述の議論からわかるように，ブランド・アイデンティティは，構成要素が階層化されており構築が困難である。それにもかかわらず，この概念が注目されている理由は，⑴ブランド・エクイティ戦略を進化させ，消費者ベースでのブランド価値の増大過程を明確化できること，⑵ブランド戦略問題を戦略事業単位や企業全体のマーケティング戦略，経営戦略のレベルに高めたこと，⑶リレーションシップ・マーケティングの新たな展開方向を指し示したことといった３つの意義が存在するためだと考えられる（陶山・梅本 2000)。

以上のような構成要素を管理することで企業がブランド・アイデンティティを構築しようとも，消費者の持つブランド・イメージとの間には何らかのズレが生じるものである（新倉 2002)。企業が行うブランド・コミュニケーション活動には競争業者のコミュニケーションや受け取り手の好み等種々のバイアスがかかっており，その結果として形成される消費者の持つブランド・イメージとブランド戦略策定者の考えるブランド・アイデンティティを一致させることは困難なためである。こういったことから，陶山・梅本（2000）はブランド・アイデンティティを「事前的ブランド像」，ブランド・イメージを「事後的ブランド像」と表現し，それぞれを区別しておくべきことを主張している。

ブランド・アイデンティティ論が議論された後，いかにすれば企業はこういったズレを解消できるかについて注目が集まった。そこで消費者がブランドと接するコンタクトポイントや，購買から消費，廃棄に至るまでの経験に対する関心が高まったのである。

2.4　ブランド・エクスペリエンス

1990年代までのブランド論は主に，ブランド・エクイティやその蓄積を目指すブランド・アイデンティティといった資産的側面に関心が集まっていた。しかし，2000年以降になるとより具体的な側面である仕掛けとしてのブランド，すなわちブランド・エクスペリエンス（ブランドの経験価値）に関する研究が進められるようになった。ここでの議論は，消費者がブランドと接点を持つコンタクト・ポイントを管理することで，ブランドの経験価値を高めることにある。

代表的な研究者としては，Pine and Gilmore（1999）とSchmitt（1999，2003）が挙げられる。Pine and Gilmore（1999）は経験経済という概念を提示し，経済価値はコモディティから製品，サービス，経験，変革へと順に変遷していくことを指摘した。コモディティは代替可能品であるが，それが製造を通じて製品になることで，製品に特有の価値が備わり，差別化が可能となる。しかし，競合他社が同様に製品を市場に供給すると製品間の差は減少してしまうため，サービスによる差別化が有効な手段となる。価値の源泉がサービスへと移行すると，同様に他社もサービスを強化するため，またしても差別化が困難になる。このような価値の変遷が繰り返され，最終的には変革へと価値が移り変わる。そして，製品やサービスそれ自体での差別化が困難になった今日では，経験価値の提供こそが企業に求められている課題であるというのがPine and Gilmore（1999）の主張である。

Schmitt（1999）は，この経験価値を提供するための枠組みとして，経験価値マーケティングを提唱した。彼は，SENSE（感覚的経験価値）やFEEL（情緒的経験価値），THINK（創造的・認知的経験価値），ACT（肉体的経験価値とライフスタイル全般），RELATE（準拠集団や文化との関連付け）という５つの経験領域を通じて価値を消費者に訴えることが有効であると主張する。この経験価値を軸にしたマーケティングを経験価値マーケティングと呼ぶ。この考えでは，機能や価格といった実用的価値に重きを置くのではなく，消費者が商品の消費経験を通じて得られる快楽のような感情，経験価値に焦点を当てたマーケティング戦略が軸になる。経験価値マーケティングでは購買に至るまでの経験のみならず，消費経験や廃棄経験も重要視するため，これまで以上に長期的かつ多様な観点でブランドが消費者に提供できる価値を捉えることが必要である。

消費者がブランドの消費経験を通じて得られる価値はブランド・エクスペリエンスとして概念化され，感覚（sensory），感情（affective），行動（behavioral），知性（inntellectual）という4つの側面から測定すべきであることが指摘されている（Brakus, Schmitt and Zarantonello 2009）。Brakus *et al.*（2009）は，ブランド・エクスペリエンスが顧客満足やブランド・パーソナリティを介してブランド・ロイヤルティにもつながることを経験的に検証しており，消費者の経験をより重視してマーケティング戦略を構築していくことの重要さを主張している。企業はこういった価値を提供することによって消費者との間に強い絆を構築していくことが求められており，この絆こそがKeller（2008）が指摘したリレーションシップである。

以上の議論から，強いブランドを構築するためには，ブランドが有する独自の経験価値を提供していくことが重要であることがわかる。

2.5　ブランド研究のまとめ

ブランドは当初，他のブランドと識別あるいは差別化するための手段と捉えられていた。そのため，ロゴや名前といった要素が定義として注目されていたが，研究が進むに連れ，そのロゴや名前から連想されるイメージを含めたブランド知識がより重要であると考えられるようになった。そのなかで，ブランドの資産的価値に注目するブランド・エクイティ概念，ブランドの本質的な姿に注目するブランド・アイデンティティ概念，ブランドから得られる経験価値に注目するブランド・エクスペリエンス概念に対する関心が高まり，いかに強いブランドを構築し，管理するかが議論されてきた。そして，企業が強いブランドを作り上げ消費者との間に長期継続的な関係性を構築することができたなら，苛烈な競争市場で競争優位を獲得できることが次第に論じられるようになった（e.g. Aaker and Joachimsthaler 2000；Keller 2008）。

第1節のまとめでは，消費財を対象にリレーションシップ・マーケティングを考えると，企業と消費者の間には中間業者が介在するため，企業が消費者と直接相互作用を行い関係性を構築することが困難であることが指摘された。そこで，ブランドを媒介物として築く関係性の重要性が述べられた。そして本節では，消費者とブランドとの間に結ばれる長期的な関係性が企業に競争優位をもたらすことが論じられた。このように，リレーションシップ・マーケティング研究とブランド研究において，関係性やブランドという概念への関心が高まり，目指すべき方向性に一致が見られるようになったため，リレーションシップ・マーケティング研究とブランド研究といった異なる研究パラダイムの統合が望まれるようになった（青木 2011; 久保田 2003a）。その方向性の1つとして，ブランド・リレーションシップ研究への関心が高まり，1990年代後半から研究が盛んに行われている。

3　ブランド・リレーションシップ

3.1　ブランド・リレーションシップとは

ブランド・リレーションシップは，Fournier（1998）が提唱した概念であり，それ以降多くの研究者の関心を集めている。ブランド・リレーションシップとは，消費者とブランドとの間に結ばれている関係性のことである（Fournier 1998）。近年，Fournier, Breazeale and Avery（2015）や Fournier, Breazeale and Fetscherin（2012），MacInnis, Park and Priester（2009）といったブランド・リレーションシップ論の第一人者が編集した論文集が出版されていることからも，この概念へ高い関心が寄せられていることがわかる。

Fournier（1998）はリレーションシップ・マーケティング研究とブランド研究，とりわけブランド・ロイヤルティ研究の問題点に注目し，それを解決するためにブランド・リレーションシップ概念が重要であると指摘した。その問題点とは以下のとおりである。リレーションシップ・マーケティング研究では企業間の関係性には注目しているが，消費者との関係性に関しては十分な議論が行われてこなかった。ブランド・ロイヤルティ研究では消費者との関係性に注目しているものの，消費者が継続的に購買しているかどうかといった行動面に関してばかりが議論され，ブランド・ロイヤルティがなぜ，ないしはどのように形成されるかといった心理面に関しての議論が行われていない（Webster 1992も参照）。このような問題を解決する概念がブランド・リレーションシップであるため，ブランド・リレーションシップ研究では消費者視点からの考察やその形成過程に主眼を置いている。

ブランド・リレーションシップ研究では，消費者とブランドとの関係はヒエラルキー的な構造を持つ関係ではなく，水平的なパートナーと捉えられる（Fournier 1998; 和田 2002）。パートナーとしての観点を取り入れることにより，価値を共創するといったリレーションシップ・マーケティング研究において強調されてきた点にも注目が集まっていることがわかる。

ブランドのように，生命を持たない対象との間に関係性を構築するという議論の背景にはアニミズムの考え方がある。アニミズムとはTylor（1871）が提唱した概念であり，自然界の諸事物に霊魂や精霊などが存在することを認め，このような霊的存在に対して信仰することである（菅野 2011）。この視角を取り込むことによって，ブランドのように非物質的な存在であってもそこには魂が宿ると認識し，消費者がブランドと積極的に相互作用を行うことで，強固な関係性が構築されると考えることができる（Aaker 1996）。

このようなことから，Aaker（1997）やFournier（1998）は，プロモーションで特定のパーソナリティやイメージをブランドへ直接付与すること，あるいは特定のパーソナリティやイメージを有するスポークスパーソンを利用することが，ブランド・リレーションシップを築くうえでは有効であると指摘する。これは消費者に豊かで好意的なブランド知識を蓄えさせることを意味するが，そのような手段がブランド・リレーションシップ形成に有効だということである。

3.2　ブランド・リレーションシップのダイナミズム

ブランド・リレーションシップを検討するうえでは，そのダイナミズムを考慮する必要がある。Duncan and Moriarty（1997）は Cross and Smith（1995）がステークホルダーと企業の絆を５段階に分類した枠組みに従い，消費者とブランドの関係性を５段階のレベルに分けた。Cross and Smith（1995）による絆の５段階とは，それぞれ認知（awareness），アイデンティティ，関係性，コミュニティ，推奨（advocacy）に分けられる。そして，関係性が強化ないしは弱化していくなかで，その段階が変化していくことを示した。第１段階の認知とは，ブランドの存在を認知することである。もともと，ブランドと消費者の間には関係が存在していない。そこで，消費者にブランドを認知してもらい，他社の商品よりも先に連想するように仕向け，マインド・シェア（消費者の心にブランドが占める割合）を高めることが求められる。この段階で消費者とブランドとの相互作用は不要であり，求められるのはブランドから消費者への一方的なコミュニケーションである。

第２段階は，ブランドと消費者のアイデンティティを一致させる，すなわちブランドと同一化することである。目標は，ブランドを通じて自己を表現してもらったり，ブランドを自己の延長のように感じてもらい，なくてはならない存在だと認識してもらうことである。第１段階同様にブランドから消費者への一方向的なコミュニケーションが重要になる。

第３段階は，関係性を築くことである。ブランドと同一化を果たした消費者は継続して同じブランドを利用するようになる。それにより，自己を表現することができるためである。この段階になると，ブランドと消費者の関係は長期継続的なものになり，そこには関係性が構築されるため，消費者とブランドの相互作用が行われるようになる。

第４段階は，消費者が特定の場に集合するようになり，コミュニティを形成することである。そこで消費者同士の相互作用を通じてブランドとの絆をより強くする。この段階では，消費者とブランドの相互作用のみならず，消費者同士の相互作用も増加する。

最後の段階は，推奨である。消費者は強い絆を結んだブランドのクチコミを積極的に行うが，クチコミには，情報発信者本人の信頼性が付与されるため情報としての信頼性も高まる。同時に，ブランドへの評価も情報発信者に影響，たとえば，ブランドへの低評価が情報発信者への否定的な評価につながる恐れがある（Reichheld 2003）。それにもかかわらず，クチコミを献身的にしてくれる消費者との間に結ばれる絆こそが企業の目標となる。

3.3　ブランド・リレーションシップの構成要素

ブランド・リレーションシップ研究では，ブランド・リレーションシップをさまざまな要素から構成されると捉えている。たとえば，Park, Priester, MacInnis and Wan（2009）や Thomson, MacInnis and Park（2005）はブランド・リレーションシップを考察するうえで，ブランドへの愛着を示すブランド・アタッチメント（brand attachment）に注目している。

Escalas and Bettman（2003, 2005）は，自己とブランドの結びつき（self-brand connection）こそが重要だと強調する。自己とブランドの結びつきとは，ブランドとの同一化を意味し，ブランドを通じて自己を表現することであり，その程度が高いほうが望ましい。絆の5段階でも示したように，消費者がブランドと同一化することは，ブランド・リレーションシップを構築するうえでは欠かすことのできない要素である。

また，前述した Keller（2008）による顧客ベースのブランド・エクイティ・ピラミッドも最上段にブランド・リレーションシップを配置している（**図1-3**）。Keller（2008）は，ブランド・エクイティの源泉はブランド知識であると考えており，そのエクイティを構築するための最終段階としてブランド・リレーションシップが重要と捉えていることから，ブランド・リレーションシップをブランド知識の側面から把握していることがわかる。

ブランドへの愛（brand love）という概念にも近年注目が集まっており，Fournier *et al.*（2012）による論文集にはブランドへの愛に関する論文が3本も載せられている。そのなかで，Heinrich, Albrecht and Bauer（2012）はブランドへの愛は親密さと情熱，コミットメントの３要素から構成されると考えモデルを構築し，その妥当性を確認した。ブランドへの愛の理論的枠組みとなっているものは，社会心理学者のSternberg（1986）による愛情の三角理論（triangular theory of love）である。この理論では，愛情は３つの構成要素，感情的要素の親密性，動機的要素の情熱，認知的要素のコミットメントから成り立つとしている。一方で，Batra, Ahuvia and Bagozzi（2012）は，より多くの概念から構成されると考えており，統一的な見解はまだ出ていない。

他にも，Fournier（1998, 2009）はブランド・リレーションシップの質を測定するには，愛・情熱（love/passion），自己との結びつき（self-connection），相互依存（interdependence），コミットメント，親密さ（intimacy），パートナーの質という６つの概念を用いることが有効と指摘した。そして，これらの要因から構成される上位概念をブランド・リレーションシップ・クオリティ（BRQ）として説明した。BRQにはブランドへの愛や自己とブランドの結びつきといった概念が組み込まれており，前述の特定の概念のみに注目した研究と異なり，ブランド・リレーションシップを包括的に検討していることがわかる。

以上のように，既存研究ではブランド・リレーションシップを多くの概念を用いて説明してきた。これは，ブランド・リレーションシップが多面的な側面を持つためにさまざまな角度から捉えられることを意味する。これらの要素を消費者とブランドとの間で形成することにより，消費者とブランドとの間に強固な関係性を築くことができる。ただし，ブランド・リレーションシップを強化するためには機能や価格のような合理的側面よりも愛着や愛といった情緒的側面に注目が集まっており，後者の側面から強化される共同的関係がより重要と考えられてきたことも指摘しておきたい。なお，ブランド・リレーションシップは合理的側面からも強化されることが明らかにされている点には留意したい（Ashworth, Dacin and Thomson 2009）。共同的関係と交換的関係を比較すると共同的関係のほうがより重要とされているが，それは交換的関係が不要であることを意味しないのである。

3.4　ブランド・リレーションシップ研究のまとめ

ブランド・リレーションシップに関する従来の研究ではいずれもブランド・リレーションシップを強化するためには情緒的な側面からのアプローチが有効であり，共同的関係を強化することの重要性が主張されている。問題は，いかに共同的関係を強化するかである。

同時に，ブランド・リレーションシップ研究で見過ごされてきた点は，消費者同士の相互作用といった社会性を十分に考慮していない点である。とりわけ，今日のICTが発展した社会では消費者同士の関係性を無視するわけにはいかない。ネットを利用することで消費者が時間や空間を超えて自由に交流することが可能となり（池田・柴内 1997），消費者間の相互作用が急激に増加したためである。たとえば，世界最大のSMであるFacebook上には数多くのコミュニティが存在し，消費者間の相互作用が繰り広げられている（Zaglia 2013）。さらに，消費行動でも，個人で商品を消費するのではなく，集団で消費する傾向が見られるようになった（Cova 1997）。

このような変化に対応するため，消費者とブランドとの関係性のみに注目するのではなく，消費者同士のつながりといった社会性も加えて消費者行動を考察する必要が生じてきた。そこで注目されるようになったのが特定のブランドを好む消費者を中心に構成されるブランド・コミュニティである。今日の消費者を取り巻く環境を考慮すると，消費者とブランドとの関係性に社会性を加えたブランド・コミュニティ研究の観点から消費者行動を捉えることが求められよう。

4　小括：関係性はダイアドからトライアドへ

本章ではブランド・コミュニティ研究の意義や独自性を探るため，リレーションシップ・マーケティング研究やブランド研究，ブランド・リレーションシップ研究を検討してきた。企業は消費者との間に強固な関係性を築くことで競争優位を獲得することができる。この関係性概念は幅広く用いられており，企業間や消費者と企業との関係性のみならず，消費者とブランドとの間に生まれる関係性としても議論されている。

消費者とブランドとの関係性は２つの関係から成り立ち，企業はその双方を強化する必要がある。第１は，合理的な側面から強化される交換的関係である。第２は，情緒的な側面から強化される共同的関係である。そのなかでもとりわけ重要と考えられているのは情緒的な側面により強化される共同的関係であることがこれまでの研究によって示されている。

既存研究における課題の１つは社会性を考慮してこなかった点である。リレーションシップ・マーケティング研究やブランド研究，ブランド・リレーションシップ研究で注目しているのは企業間や消費者と企業，あるいは消費者とブランドとの間に結ばれるダイアド（二者間）な関係性のみであり，消費者同士の関係性を加えた議論が展開されているわけではない。これが消費者とブランドとの関係性に，消費者同士の関係性といった社会性を加えたトライアド（三者間）な観点から消費者行動を考察するブランド・コミュニティ研究が注目されるようになった所以である。

●注●

1　それ以前にもブランド・ロイヤルティに関する研究が行われていたが，そこではブランドを差別化するための「手段としてのブランド」と考えていた（青木 2011）。そして，ブランド・ロイヤルティを特定のブランドを集中的あるいは継続的に購買する傾向と捉え（青木 2010），その定義や測定尺度を主に研究していた（和田 2002）。本書では青木（2006）の区分に従い，ブランド・エクイティ概念以降のブランド研究を概観する。

2　ブランドが消費者に提供する便益は４つ，当該ブランドが有する機能を高め保証する機能的便益，消費・所有に伴う感情を高める情緒的便益，当該ブランドを用いた自己表現を可能にする自己表現的便益，他者と結びつける社会的便益があるといわれる（Aaker 2014）。ブランドにはそういった便益が備わっているため，消費者は気に入ったブランドがあれば他ブランドよりも多少高かったとしても継続購買する傾向がある。これが企業にとっての資産につながる。

第2章

コミュニティ

1　地域コミュニティ

1.1　コミュニティ概念の起源とその複雑性

ブランド・コミュニティについて議論する前に，本章では社会学を中心に研究が進められてきたコミュニティについて検討したい。それにより，コミュニティという概念の特徴について確認し，ブランド・コミュニティとその他のコミュニティの類似性と差異性を明らかにしておきたい。そして，ブランド・コミュニティに注目するうえで重要となる概念を抽出する。

コミュニティという概念は，MacIver（1917）の著書である『コミュニティ』において初めて学問的に理論化された。それ以前にもTonnies（1887）によってゲマインシャフトやゲゼルシャフトといったコミュニティと類似した概念が提唱されているが，本章ではコミュニティという社会学的用語を用いている研究を中心にレビューする[1]。

MacIverはコミュニティを「村とか町，あるいは地方や国とかもっと広い範囲の共同生活のいずれかの領域を指すのに用いようと思う。ある領域がコミュニティの名に値するには，それより広い領域からそれが何程か区別されなければならず，共同生活はその領域の境界が何らかの意味を持ついくつかの独自の特徴をもっている」（邦訳p.46）と説明し，さらに「コミュニティは，本来的に自らの内部から発し，活発かつ自発的で自由に相互に関係し合い，社会的統一体の複雑な網を自己のために織りなすところの人間存在の共同生活のことである」（邦訳 pp.56-57）と述べている。

ここでの主張をまとめると，MacIver はコミュニティを特定の地域で営まれている共同生活と捉えているのみで，明確な定義付けを行っていないことがわかる。ここでの説明において注目される点は，コミュニティの特徴として⑴特定の地域に依拠すること，⑵他のコミュニティとの弁別が可能であること，⑶独自の特徴を有すること，⑷内部における相互作用が起点となり人間関係が構築されること，という４点である。これらの点を満たす場がコミュニティであり，それは単なる集団とは異なる概念であると規定される。その後のコミュニティ研究においてもこれら４点は中核要素として注目されていることから，コミュニティ概念提唱時にこれらの中核的要素を取り上げてコミュニティを規定した MacIver の業績は高く評価されよう。

しかし，明確な定義を示さなかった点については批判もある。たとえば，松原（1978）は，MacIver のコミュニティに関する主張を「一定の地域にいっしょに住んで生活の種々の面でお互いに接触していると，そこにどこかしら共通の特徴が発達してくるものであり，それがコミュニティの境界輪郭を形づくる」（p.７）とまとめた。そして，このような定義がコミュニティ研究の創始であるために，その後の社会学者の間でコミュニティに対するさまざまな定義付けがなされたと指摘している。

実際，社会学におけるコミュニティ概念は論者により捉え方が異なり，明確なコミュニティの定義は存在せず，むしろコミュニティ概念の多義性について言及していることが多い（Bell and Newby 1972; Ginsberg 1947; Harper and Dunham 1959; Stacey 1969）。Bell and Newby（1972）は，コミュニティ概念には社会学的用語として満足すべき規定はないとさえ主張している。なお，コミュニティという用語の用いられ方に関する見解の一致は今日でも見られない状況が続いている（Cherny 1999）。

こうしたコミュニティ概念の複雑性を解消するため，Hillery（1955）は主要社会学の文献の中に見出されるコミュニティ概念の定義を分類整理し，各研究で一致する定義を導き出そうとした。しかし，人々がコミュニティに関わっているということ以外に十分な合意はないと結論づける結果となった。彼は完全な定義の一致を見出すことはできなかったが，他方で，94のうち69の定義に関しては「地域性」「社会的相互作用（以下，相互作用）」「共通の絆」の３つがコミュニティの共通要件として挙げられていることを発見した。さらに，70の定義では「地域性」「相互作用」，91の定義では「相互作用」がコミュニティ概念に含まれていることを確認している。Hillery の発見は60年以上前の議論のため，今日のコミュニティには当てはまらないものもあるが，彼の発見に基づきひとまずは「地域性」「相互作用」「共通の絆」の３つの要素をコミュニティの成立要素と捉えることが可能である。なお，これらの要素は前述の MacIver（1917）の主張とも一致している点に留意したい。

1.2　コミュニティ研究の系譜

松原（1978）は MacIver によってコミュニティ概念が提起された時期から1970年代までのコミュニティ研究には４つの潮流があるとまとめている。ここでは松原に依拠しながらコミュニティ研究の系譜を概観したい。第１の潮流は，20世紀初頭から1930年代までにアメリカ農村社会学を中心に展開された地域圏（生活圏）域の研究ないしは地域的集団に関する研究である。当時のアメリカでは農村研究が政府の農村政策と深く結びつき，政府の打ち出す政策を効率的に実行に移すために農村社会における生活圏を確定するための方法を作り出す必要があった。この社会的背景と深く結びついた，境界線を確定することの重要性が問われた研究群が第１の潮流である。ここでの代表的研究者には Galpin（1915）が挙げられ，彼はコミュニティの生活圏域の把握を試みた結果，市街地ではなく都市コミュニティ（urban community）を行政単位とすべきであると主張した。特定の地域を中心にコミュニティを考察する研究はその後，日常生活が繰り広げられる地域集団の実態に関する研究へと関心が移り変わり，地域集団から利害関心集団へ，そして協同集団とその分析が深まっていくことにつながった。

第２の潮流は都市社会学に求められ，1920年代のシカゴ学派（社会学）によって展開された「人間生態学（human ecology）」の理論がその基盤となる。ここでの代表的研究者としてはParkやWirthが挙げられる。Park（1925）やPark and Burgess（1921）は，動植物コミュニティと人間コミュニティの類似性と差異性に注目し，コミュニティの成立要素の１つである相互作用には競争，闘争，協同，同化といった過程があり，そのなかでも競争が最も基本的かつ原始的な形態であると論じている[2]。彼らは競争的共存という概念を根底に据え，コミュニティの外部に存在する何らかの外敵と競い合うことでコミュニティは成長すると考えているのである。もちろん，ここで述べる競争とは命をかけた争いとは異なり，互いに競い合うという意味での競争である。コミュニティを考察するうえで，外部環境が重要であることが理解できよう。しかしながら，外部環境に目を向けたコミュニティ研究は極めて少ない（Suttles 1972）。そこで本項では外的要因である外部環境も重要であることを強調しておきたい。

内と外を区別するために重要な役割を果たすのが境界線である。そして長い間，その境界線の役割を果たしてきたのが地域である。初期のコミュニティ研究では，この境界線を決める研究が多く行われているが，境界線を決定することがコミュニティの範域を決めることと同義であったことを鑑みると，その重要性がわかろう。地域によって分けられたコミュニティは境界線が客観的に確認できるだけでなく，地域が人々をつなぐハブとして存在するため，相互作用や共通の絆が生まれ，集団の結束力，すなわち凝集性が高くなりやすいのである。

生態学を現代都市コミュニティの理論として高めたのはWirth（1938）であろう。Wirthは都市化・産業化が進み大規模で高密度かつ異質な人口を持つ都市では地域を共有した親密かつ永続的なつながりを意味する第１次的関係を築くことは困難であり，各人の目的を共有した合理的で打算に基づく一時的なつながりを意味する第２次的関係が増大すると述べた。そのため，都市化が進むことで異質で流動的な集団が増加した結果として，コミュニティを衰退させると主張した（コミュニティ喪失論）。これがWirth（1938）によるアーバニズム理論である。

第3の潮流は，1950年代以降に行われた，新しい視点からコミュニティを捉え理解しようとする研究群である。代表的な研究はアメリカの社会学者Hunter（1963）による「コミュニティ・パワー・ストラクチャー」の分析である。彼はコミュニティが権力関係を最も容易に観察できる場であり，そこではコミュニティと権力の両方を現実に規定しているのは人間の相互作用であると考える。そのため，行為者から権力に関するなんらかの経験的データを得る際に重要なのは個人の行動ではなく，むしろ個人間の相互作用であるとしている。この分析の結果，コミュニティにおける権力の源泉は企業活動における経済力であるとして，権力リーダーは政治や行政上に関する諸問題に対処する公的な職務を有する人間ではなく，大企業の経営層であるということを結論として得た。この考えには反論も寄せられたが（Dahl 1961），この研究により地域性に重点を置いたこれまでのアメリカのコミュニティ研究に新分野が開拓された。

第4は，コミュニティを地域社会の計画的発展，すなわち地域開発の手がかりとする考え方である。これは，先進国の経済が急速に進展するのに伴い社会開発を必要としたことに加え，後進国における開発を進行するための必要性から生じた。1950年代頃からすでに国連においてもコミュニティ・オーガナイゼーションやコミュニティ・デベロップメントという開発の方式が提起されている。このように，コミュニティを実践活動の場として活用していこうとする考え方の流れである。

初期のコミュニティ研究では特定の地域を示す概念としてコミュニティを規定して，その境界線を決定することを目標としてきたが，都市化・産業化が進むに伴い地域に縛られたコミュニティにはある種の限界があることが示された。そこで新たな観点として，従来の「地域」への注目から「相互作用」それ自体，あるいは権力といったものへと関心が広がった。さらには，コミュニティの発展を通して地域の開発につなげようとするように，コミュニティを操作可能な概念の1つとして扱う議論が登場した。そして，1970 年代以降はコミュニティにおける人々の結びつき，すなわち関係性がより注目され議論されていくようになる。

1.3　コミュニティ問題

コミュニティにおける地域性から相互作用への関心の移行については，Wellman（1979）も注目している。彼は，1970年代後半の北アメリカではコミュニティの崩壊が顕著であったと指摘している。さらに，Wellman はコミュニティを第1次的関係のネットワークにより構成される概念として捉え[3]，社会システムの大規模な分業が，第1次的関係の形成やその内容にどのような影響を及ぼしたのかという問いを「コミュニティ問題（community question）」として提起し，それに対する解答となる研究を3つの系譜に分類整理している。第1は，Wirth（1938）の主張するコミュニティ喪失論である。第2は，コミュニティ喪失論に対する批判である Gans（1962）を代表とするコミュニティ存続論である。第3は，Wellman（1979）や Fischer（1982）のコミュニティ解放論である。コミュニティ喪失論に関してはコミュニティ研究の系譜の項において Wirth を引き合いに出しながらすでに論じているため，以下ではコミュニティ存続論とコミュニティ解放論を論じたい。

第2の見解であるコミュニティ存続論は，Gans（1962）がその代表的研究者として挙げられる。彼は，アーバニズム理論が人口量や人口密度，異質性という生態学的要因からのみ都市を捉え，それによってコミュニティの喪失を説明しようとするのは正しくないと指摘した。そして，経済的な地位や人種のような社会属性といった観点から検討するとコミュニティは存続していると述べた。つまり，都市化・産業化が進むことがコミュニティの衰退につながることを意味するとは結論付けられないという主張である。

次に，第3の見解である Wellman（1979）のコミュニティ解放論を確認したい。コミュニティ解放論とは交通網・通信網の発達により第1次的関係は空間的制約から解放され，より広域かつ分散的なネットワークの形で存在していることを意味する。Wellman（1979）は個人の親密なネットワーク構造に関する調査を行った結果として，近隣との関係は継続して存在するものの，数多くある関係の中の１つにしか過ぎないものとなっており，第１次的関係は分化したネットワークという形で存在していると指摘した。従来のコミュニティ研究では特定の地域に第１次的関係が依拠するとしていたが，この観点では都市化・産業化が進むことで特定の地域に縛られない第１次的関係が構築されたことを提起した。

松本（1995）は第１次的関係が地域を超えて拡大していることをコミュニティ解放論により注意喚起したことで，Wirth（1938）の考えるコミュニティ喪失論に対する，１つの代案の可能性を切り開いたと高く評価する。また，Urry（2000）も Wellman の考えに賛同しており，グローバル化が進んだ今日では社会という境界の意味も薄れつつあると述べた。このように，単に地域だけに注目することでは日々変化する現実のコミュニティを捉えるには限界があることを指摘したことにこれらの研究の意義があろう。

解放論に位置付けられる研究として，Fischer（1982）のアーバニズムの下位文化理論も挙げられよう。この理論では Wirth（1938）同様に，都市化・産業化により一部地域に集中して人口が増大して，異質な人々が増え，人口密度が高まることに注目している。Fisher の考えは，異質な人々が特定の地域に密集することにより，普段は出会うことのできない非通念的な思考や関心を持った人々と出会うことが可能になることに注目している点に特徴がある。彼は「都市が非伝統的な価値を促進する代替的な下位文化を生成する」（邦訳 p.105）と主張して，都市の異質性が下位文化的コミュニティ生成の源泉となりうることを指摘した。Wirth（1938）は都市化・産業化が結果として従来のコミュニティを衰退させると考えたのに対し，Fischer（1982）は異質な人々が凝集した結果として新しい下位文化的コミュニティが形成されると考えたのである。

以上のように，都市化に伴いコミュニティ研究にはコミュニティ喪失論やコミュニティ存続論，そしてコミュニティ解放論といった多様な考えが寄せられた。それにより，コミュニティは地域だけに縛られず，同じ地域にいるよりもむしろ相互作用を行うことで第1次的関係を築くことができるかどうかが重要であると考えられるようになった（Beem 1999;Lee and Newby 1983）。相互作用の手段は以前であれば対面での会話や手紙，電話といった方法であり，今日であればメールやSMといったネット上でのやりとりもそこに含まれよう。そして，こういった相互作用によりメンバー間で共通の何か（something）を有するようになると，内と外の意識が明確化されていきコミュニティの結束力が高まっていく（Cohen 1985）。この共通の何かは，必ずしも客観的に確認できるようなものではなく，仲間意識のような心理的要素であることが多い。次節では，こういった心理的側面に着目した研究を概観していく。

2　心理的コミュニティ

2.1　コミュニティ研究の新展開とその分類

コミュニティを共通の何かのような心理的な側面から考察した研究はコミュニティ研究の初期においても見られる。たとえば，Cole（1920）は「コミュニティという用語は主観的な用語であり，その本質はメンバーの意識の中に存在する」（pp.25-26）と述べ，コミュニティを感情の拠り所（a center of feeling）と捉えている。他にも，Nicholson（1961）は帰属意識（sense of belongingness）がコミュニティには必要であると主張するなど，コミュニティ研究の初期においても心理的要素への関心が高かったことがうかがえる。

コミュニティにおける心理的側面への関心をより高めたとして評価されるのは，MacIver and Page（1952）である。彼らはコミュニティを形づくる要因として「地域性」に加え「コミュニティ感情（community sentiment）」の重要性を指摘する。コミュニティ感情とは3つの意識，「われわれ意識（we-feeling）」「役割意識（role-feeling）」「依存意識（dependency-feeling）」から構成され，これらの感情をメンバーが有することによってコミュニティが成り立つという主張である。コミュニティに対して人々が有する心理的側面を強調する動きは他にも見られ，たとえば園田（1978）は，1970年代におけるコミュニティ研究全体のなかで，コミュニティの心理的側面に注目した研究が支配的であるとさえ指摘している。これらの考えのもとでは，地域のような物理的制約といったものは深く考慮されておらず，コミュニティの所在を人々の心のなかに求めることとなった。

Gusfield（1975）は，こういった地域に依拠することを必要としないコミュニティ研究においても，地域に依拠したコミュニティ研究と同様に「コミュニティ」という用語が用いられて議論されていることを指摘し，コミュニティは２つ，近所や街といった地域性に基づいたものと，地域性に関係なく人々の関係性によるものに区別することが可能であると主張した。同様にBernard（1973）もそれまでの研究で用いられていた“Community”という用語は，“Community”と“The Community”に区別されると指摘している。“Community”は地域性に注目したコミュニティであり，“The Community”は絆や相互作用を強調したコミュニティである。こういった区分は他にもされており，Harper and Dunham（1959）もコミュニティを⑴地域性と，⑵社会的・文化的同質性，コンセンサス，自立，共同行動相互作用の関係といった観点から２つに大別している。そして，彼らは後者をメンバー間の相互作用から生まれる社会的同質性に基づいたものと説明している。このように，コミュニティは地域に基づいたものと，心理的な結びつきに基づくものに大別される（e.g. Elliott and Merrill 1950;Stacey 1969）。

以上のことから，本章でもコミュニティを２つに大別しておく。第１は，地域を核とした地域コミュニティであり，第２は，人々の関係性のような心理的側面に着目した心理的コミュニティである。こういった区分を前提にすると，Hillery（1955）が挙げた３つの成立要素（地域性，相互作用，共通の絆）のうち地域性は必要であるとは認められない。ここでは，その代わりに境界線を成立要素の１つに加えておきたい。すなわち，「境界線」「相互作用」「共通の絆」がコミュニティの成立要素なのである。そして，共通の絆については相互作用によって強化されたり明確化する傾向があるが，それらは必ずしも因果関係で捉えるべきではない。もともと何らかの共通の絆を持っていたために相互作用が繰り広げられるといったことも少なくないためである。すなわち，こういった要素間には循環的に影響し合う関係が見られる。

2.2　コミュニティ感覚

心理的コミュニティでは，地域コミュニティで見られた客観的な境界線がなく，メンバーが境界線を感じることができるかどうかが重要になる。そのため，人々の心のなかにあるコミュニティへの帰属意識のような心理的側面が注目されている。そのなかでも着目したいのがコミュニティ感覚（sense of community）である。

McMillan and Chavis（1986）はコミュニティ感覚を，「メンバーが持つ帰属意識で，メンバーがメンバー同士または集団に対して持っている重要性の感覚。そして，集団に共にコミットメントすることによってメンバーの欲求を満たすことができるとする共有された信念」（p. 9）と定義している。Sarason（1974）も同様の定義をしており，複雑なコミュニティ概念と異なり，コミュニティ感覚には多義性は見られない。繰り返しになるが，心理的なつながりがあるところにコミュニティが存在するというこの議論は，地域性がコミュニティには必要ではなくなっていることを意味する。そのため，コミュニティ感覚を前提に議論すると，コミュニティの特徴が客観的に観察できるかどうかにかかわらず，コミュニティ感覚が存在すれば，そこにはコミュニティが存在すると考えられる。では，コミュニティ感覚は何によって構成されているのだろうか。その点について考える際に有意義な視点をMcMillan and Chavis（1986）が提示している。

McMillan and Chavis（1986）は，コミュニティ感覚の構成要素として，メンバーシップ，影響力，統合とニーズの充足，感情的つながりの共有という4つを挙げている。第1はメンバーシップ，自分自身がコミュニティに参加していることを自覚するという感覚のことである。メンバーシップの役割は，誰がコミュニティのメンバーであり，誰がそうでないかを区別するための境界線となることである。また，メンバーシップを持つということは，コミュニティに対して何らかの貢献をするということにもなり，それだけコミットメントを必要とすることも意味する。

第2は，影響力である。影響力は双方向性を持っており，メンバーがコミュニティに対して影響を与えることと，コミュニティがメンバーに対して影響を与えることという双方向のプロセスが存在する。これに関してはコンサート会場を思い浮かべればわかりやすい。コンサート会場ではその場で感じる一体感が自身の感情を高めると同時に，自身の感情の高まりがその場の一体感をさらに高めるという相互に影響を及ぼし合うプロセスが見られる。メンバーは，自らがより強い影響力を有するコミュニティに魅力を感じる傾向がある。

第3は，統合とニーズの充足である。これは「補強（reinforcement）」のことである。すなわち，コミュニティのメンバーであることが一種のステータスとなることや，他のメンバーの能力により自身のニーズを満たすことができると考えた際に，メンバー間の関係性がより良いものとなることを意味している。メンバーが，コミュニティが自らの社会的アイデンティティを示す集団であることを認識できるかどうかが重要になる。

第4は，感情的つながりの共有である。これは，メンバーが同じ時間や歴史，経験といったことを共有することでメンバー間の心理的なつながりが強くなることを示している。これら4つの要素は別々に機能するものではなく，それぞれが有機的に結びつくことによって機能するという性質を持つ。

以上のような要素から成るコミュニティ感覚であるが，必ずしもこれのみが境界線としての役割を担うわけではない。たとえば，共通の絆の有無がその役割を果たすこともあろう。このように，心理的コミュニティにおいてはさまざまな要因が境界線になりうることには留意しておきたい。

さて，心理的コミュニティの境界線は地域と無関係であるために相互作用を促す場が物理的空間に常に存在するわけではない。ゆえに，その集団は流動性が高く，集まっては離れるといった特徴を有することになる（Maffesoli 1996）。

心理的コミュニティが抱える流動性の問題を解決したのがICTである。ICTの発展により，相互作用を行う場がネット上に登場し，そこで人々はコミュニティを形成するようになった。

2.3　ネット・コミュニティ

コミュニティは地域という制約から解放されたことによって，より多くのメンバーから構成されるようになった。その結果，コミュニティを構成する全メンバーを知ることが極めて困難になった。しかし，メンバーは自らと同じコミュニティに参加している他のメンバーに対して，たとえ面識がなかったとしても仲間意識を有する（Anderson 1983)。メンバーにとって重要なことは，互いを実際に知っているかどうかではなく，同じコミュニティに参加しているかどうかである。面識がなくても仲間意識が醸成されるというAndersonの主張に従えば，Trend（2001）のいうようにネット上でもコミュニティが形成されると考えて差し支えない。これは，ネット上のつながりをコミュニティと呼ぶ1つの根拠となる。

1990年代以降，ネット上で会ったことのない人同士がコミュニティを作るという現象が生じた。それらはオンライン・コミュニティやバーチャル・コミュニティ，ネット・コミュニティ等と称され，注目を浴びている（Rheingold 1993;Romm and Clarke 1997; 宮田 1997)。以下，本書ではネット・コミュニティという用語を用いてこのコミュニティを説明する[4]。

Lee, Vogel and Limayem（2003）によると，コミュニティ概念の複雑性という問題はネット・コミュニティでも解決されておらず，多くの研究者が一致する定義は見られない。そのため，彼らはHillery（1955）が以前行ったように，ネット・コミュニティの定義をまとめ，分類整理した。その結果，ネット・コミュニティは(1)ネット上に存在し，(2)IT技術を利用してメンバーが参加する点，(3)相互作用をしていくことで，(4)メンバー同士の関係性を構築・維持しているという点で多くの論者が一致していることを導き出した。ここでの発見においても，従来のコミュニティ概念と同様に，メンバーが相互作用をしていくなかで共通の絆を構築・維持していくという点が注目されている。

ネット・コミュニティはICTの恩恵を受け，心理的コミュニティが抱える流動性の問題を解決した。ネット上では時間や空間を超えて人々が自由に相互作用を行うことが可能になったためである。そのため，ネット利用者の増加に伴い，ネット・コミュニティの数も日々増加している。ネット・コミュニティの大きな特徴として，その境界線が人々の興味・関心によって決定されていくことが多い点が挙げられる（Bagozzi and Dholakia 2002)。たとえば，ネット・コミュニティの概念を広めたRheingold（1993）によると，人々はネット上で共通の価値や関心を中心につながることで関係性を構築し，ネット・コミュニティを形成させていくと述べている。ネット上では時間や空間を超えて自由に相互作用を行うことが可能なので，一部の人のみが興味のある対象だったとしても，それを中心にコミュニティが形成されることがあるのである。結果，ネット・コミュニティの大半はメンバーの興味・関心のあるものを中心としたものとなっている（Preece, Maloney-Krichmar and Abras 2003)。

次に，そういった興味・関心を中心にしたコミュニティのなかでもブランド・コミュニティとの関わりが大きい，特定の商品を消費することを好む消費者の集団，いわゆる消費コミュニティに注目したい[5]。

3　消費コミュニティ

3.1　消費コミュニティの概要とその特徴

地域性や心理的要素を重要視してきたコミュニティ概念であるが，近代化に伴い，特定の興味・関心を中心に集まるコミュニティが多く誕生してきた。そのなかの1つに，Boorstin（1973）によって提示された，消費コミュニティ（consumption community）と呼ばれるものがある。消費コミュニティとは，特定の商品を消費することを好む消費者によって構成・維持される目に見えないコミュニティのことであり（Boorstin 1973, p.89)，消費という行動に注目している点に特徴がある。

彼はアメリカを念頭に消費コミュニティの概念を提唱している。南北戦争後のアメリカでは移民者の数が増え，地域的なコミュニティのつながりが弱まった。それを補うべくして，地域性に縛られない消費を中心とした消費コミュニティが誕生したのである。消費コミュニティでは，面識のない人同士が，持ち主にも違いを判断できない商品によって結束力を持つ（p.90）。持ち主にも違いを判断できないとは，大量生産の発達で，個別の商品の品質に違いがなくなったことを意味している。商品が持ち主にのみ固有でないからこそ，商品を介した連帯感や結束力が生まれるのである。

Boorstin（1973）自身は歴史学者であり，社会学におけるコミュニティ研究をレビューするなかで消費コミュニティ概念を導出したわけではない。それゆえ，コミュニティの成立要素である相互作用の必要性について言及しているわけではないなど，その概念規定には不十分な点も見られる。しかし，Boorstin（1973）の主張で注目したいのは，広告の目標は消費コミュニティを作ることであるとし，その際にブランドが重要であることを強調している点である。この点において，Boorstin（1973）は，ブランド・コミュニティ概念を1970年代に提唱した研究と位置付けることもできる。

3.2　マーケティング研究における消費コミュニティへの注目

消費コミュニティはマーケティングや消費者行動の研究者には非常に魅力的な題材となった一方で，社会学者からは高い関心が寄せられなかった（Friedman, Abeele and Vos 1993）。なぜなら，消費コミュニティは，地域コミュニティ研究や心理的コミュニティ研究で明らかにされてきた知見が十分に反映されていないためである。たとえば，社会学者のSchudson（1984）は，Boorstin（1973）が相互作用の重要性を主張していなかった点に着目し，消費コミュニティに対して，相互作用もなく，同じ商品を使用しているということだけでコミュニティ感覚が高まることはないと批判している。そのような事情によって，社会学分野においては消費コミュニティの研究はさほど発展しなかった。

社会学者の低い関心に対して，マーケティング学者の消費コミュニティに対する関心は高く，1990年代以降，多数の研究が展開されている。その先駆的な研究はFriedman *et al.*（1993）によるもので，彼らはベルギーとアメリカで調査を実施し，コミュニティ感覚の尺度が消費コミュニティに対しても当てはまることを確認している。

さらに，1996年の*Advances in Consumer Research*には“Communities of Consumption；A Central Metaphor for Diverse Research”というテーマで行われたセッションの要約がWright-Isakによってまとめられている。そこで，Muniz and O'Guinn（1996）によってブランド・コミュニティ“Brand Community”という用語が用いられた研究が行われていることを確認することができる。他にも，Mcgrath, Sherry and Heisley（1993）は，定期的に開催される農産物の市に注目し，エスノグラフィーによって，毎週土曜日の市のときに消費者のコミュニティが自然発生的に形成されていることを明らかにしている。また，Kozinets（1997）はアメリカのテレビ番組を中心に集まる消費者のコミュニティを研究して，消費者間で当該テレビ番組の話をすることによってそのつながりを強固にすることを述べているし，Fraering and Minor（2005）は，コミュニティ感覚が金融サービス業を中心に構成されるコミュニティにおいても適用可能であることを調査している。

消費コミュニティという直接的な用語で説明はしていないが，Schouten and McAlexander（1995）は，ハーレー・ダビッドソンを中心として集まるコミュニティに注目し，消費の下位文化（subcultures of consumption）として紹介している。彼らは，実際に長期間コミュニティに参加するなかで，コミュニティに受け入れられ，真のメンバーになっていく様子を論じている。なお，これらの研究のなかには，Kozinets（1997）やSchouten and McAlexander（1995）のように，ブランド・コミュニティ研究に位置付けられるものもある。

消費コミュニティ研究は，同じ商品カテゴリーの消費を通じて生まれるコミュニティ感覚が起点となり，コミュニティが形成されることを考察している点において非常に有益である一方で，あくまでも消費という行動のみに関心を置いている点に限界がある。Oliver（1999）でも同様に消費コミュニティの課題が論じられている。消費コミュニティ概念は有用であるが，単に共有された消費の知識のみが必要であり，特定ブランドへの高いコミットメントなどが求められていない点で，企業が自社のマーケティング活動で活用するには不十分だというわけである。そこで注目されるようになったのが次章以降で議論するブランド・コミュニティである。それは，ある商品を実際に所有したり，消費したりしているかどうかにかかわらず，あるブランドに対する肯定的な態度を有するメンバーによって構成されるコミュニティである。

4　小括：コミュニティを形づくる3要素

コミュニティ研究は大別すると地域コミュニティに注目した研究と心理的コミュニティに注目した研究に分けられる。これらの大きな違いは，その境界線を地域に求めるか心理的側面に求めるかである。それぞれのコミュニティにはいくつもの差があるが，コミュニティを形成する重要な要素については一致が見られる。本章でのレビューから明らかになったのは，コミュニティを検討する際には「境界線」「相互作用」「共通の絆」に注目すべきだという点である。この3つの重要概念を軸に，コミュニティがいかに形成・維持・強化されていくかを示すコミュニティの循環モデル（**図2-1**）を提示することが可能である。以下では，本モデルを説明しながら本章で議論した重要な点について整理したい。

本モデルでは，各コミュニティ研究のレビューから導出された3つの重要概念，境界線，相互作用，共通の絆の影響関係が示されている。まず，コミュニティには境界線が必要である。境界線が存在することによって，メンバーが特定の場に集まることができ，そこで相互作用が繰り広げられるようになることが示されている。相互作用が行われるようになると，メンバーは他のメンバーとの間により強い共通の絆を感じるようになる。共通の絆が強化されると，境

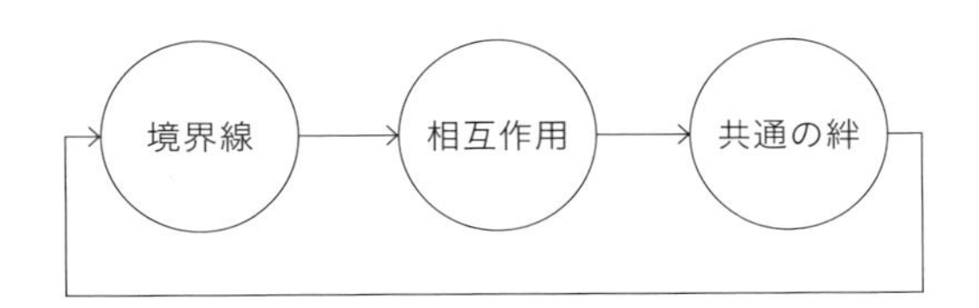

図2-1 ●コミュニティの循環モデル

界線を示すコミュニティ感覚のような心理的要素がさらに強化あるいは再生産され，メンバーは内と外をより明確に弁別して考えるようになる。それがさらなる相互作用を促すのである。

以上のように，これらの要因は循環的に影響し合う関係にあることを理解しておく必要がある。また，本モデルでは境界線を独立の概念として位置付けたが，共通の絆がその役割を果たすこともある。さらに，コミュニティの形成過程に着目すれば，相互作用が起点となって境界線が生成されていくこともあろう。こういった点についても留意しておくべきである。本章ではこういったコミュニティの特質について詳述してきた。

［付記］

本章は，羽藤雅彦（2016）「ブランド・コミュニティ概念の再検討」，『流通科学大学論集—流通・経営編』，28(2)，1-22。を基に加筆・修正したものである。

● 注 ●

1　本章では主に社会学におけるコミュニティ研究に着目するが，他にも，政治学や宗教学といった観点からのコミュニティ研究も存在する。こういったコミュニティに関する議論はDelanty（2003）を参照されたい。

2　Parkはコミュニティとソサエティという概念を使い分けて議論している。そして，競争の過程でコミュニティが，それ以降の過程ではソサエティが形成されると主張している。社会学では，コミュニティとソサエティは弁別されているが，本書ではそれらの違いには着目しないためこういった点については触れない。それは，本書の関心がコミュニティとソサエティの違いにあるわけではないためである。社会学的な観点からはそれらの違いを議論することには意義があるが，ブランド・コミュニティ研究においてはそれらの差に注目する意義はあまりないと考える。実際，『広辞苑 第6版』において，コミュニティとは「一定の地域に居住し，共属感情を持つ人々の集団。地域社会。」，ソサエティとは「社会（社会：人間が集まって共同生活を営む際に，人々の関係の総体が一つの輪郭をもって現れる場合の，その集団。）」と説明されており（新村 2008），それらの意味する事柄に大きな差はない。

3　コミュニティとネットワークは異なる概念として捉えられる。Castells（2001）は，Wellman（2001）によるコミュニティの定義「社会性，扶助，情報，帰属意識，社会的同一性を提供する，個人間のつながりのネットワーク」（p.228）を参考にしてコミュニティとネットワークについて議論している。そして，コミュニティは空間と人的つながりを持つものであり，そこから空間を取り除くことでネットワークになると説明している。裏返せば，ネットワークに空間が加われば，それがコミュニティになると考えている。コミュニティでは，そういった空間は境界線によって特徴づけられるが，ネットワークにはそれが存在しない。それゆえ，コミュニティでは，他のメンバーと結びつくネットワークが存在しなかったとしても，境界線の内側で同じ空間を共有するメンバーに対して仲間意識を有する傾向がある。コミュニティとネットワークには，このような決定的な違いが存在している。なお，ネットワークに着目する際は，実際に結びついているかどうかやその結びつきがどういったものであるかが重要であり，特定の空間を共有しているかどうかが重要なわけではない。本書でもCastellsによる主張を採用し，コミュニティはネットワークを内包する概念と捉える。

4　欧米ではOnline CommunityやVirtual Communityと表記することが多い（Kozinets 1999）。

5　ネット・コミュニティが登場したことで，コミュニティ研究における地域への関心がこれまで以上に低下したことは明白であるが，だからといって，人々が地域から完全に離れることはない。それは日常生活での買い物行動を考えてもわかり，多くの人が自宅から近いスーパーマーケットやコンビニエンスストアで食料品を購入している。この点に着目し，小売業を中心として地域コミュニティを形成・維持しようとする商業論からの研究も見られる。たとえば，日本では，地域コミュニティの再生を「まちづくり」と捉え，小売業を中心にそれを行うべきとした研究が1990年代に展開されている。地域コミュニティの崩壊が進むなかで，コミュニティを維持することに貢献してきたのが商店街である。石原（1997）はその役割を果たしてきた商店街のような小売業を「コミュニティ型小売業」と名付け，「地域の住民や生活者の日常生活と向き合ってきた小売業」（p.38）と定義している。

第3章

ブランド・コミュニティ

1 ブランド・コミュニティ研究の概要

1.1 ブランド・コミュニティ概念とその特徴

ブランド・コミュニティという用語が学術的に用いられ始めたのは，Muniz and O'Guinn（1996）による研究からである。その5年後，同研究者らによって書かれた論文，"Brand Community" が *Journal of Consumer Research* に掲載されて以降，当該分野に関する研究が数多く発表された。Muniz and O'Guinn（2001）はブランド・コミュニティを「当該ブランドを好む人々の社会的関係から構成される，地理的な制約を伴わない特殊なコミュニティ」（p.412）と定義している。この定義からは，ブランド・コミュニティが特定のブランドを好む人々を中心に構成されるとしている点で，消費コミュニティとは異なり，当該ブランドの消費・所有経験ではなく好意的な態度のみが重要であることがわかる。さらに，地理的な制約を伴わないということは，ブランド・コミュニティが心理的コミュニティであることを意味し，それゆえ，ネットの普及によってブランド・コミュニティの数は飛躍的に増加している（Casaló, Flavián and Guinalíuw 2008；Kuo and Feng 2013；Zaglia 2013）。また，ネット上では数回タップ／クリックするだけでコミュニティへ参加できるため（Zaglia 2013），地域コミュニティと比較してより多くのメンバーによってコミュニティが形成されるようになった（Habibi, Laroche and Richard 2014）。最後に，社会的関係によって構成されるということは，メンバーが水平的なつながりによって結ばれていることを意味する（Adler and Kwon 2002）。

以上のように，Muniz and O'Guinn（2001）はその定義のなかでブランド・コミュニティが地域から解放された心理的コミュニティであり，そのなかでも消費コミュニティとは決定的に異なることを明示している。このため本書では，彼らの定義を参考にブランド・コミュニティを「当該ブランドを好む人々の社会的関係から構成されるコミュニティ」とより簡潔に定義しておきたい。これは，当該ブランドを好むという表現から，それが心理的コミュニティであることが明白なため，改めて地理的制約を伴わないといった条件を加える必要はないと判断したためである。

Muniz and O'Guinn（2001）によれば，ブランド・コミュニティには3つの要因，すなわち識別子があるために，単なる消費者集団とは異なる存在として区別される。それらは，同類意識，儀式と伝統，そして道徳的責任感である。詳しくは後述するため，以下ではそれぞれの要素を簡潔に説明する。

第1は，同類意識（consciousness of kind）である。ブランド・コミュニティのメンバーは，Bender（1978）が「われわれ意識（we-ness）」と呼ぶ，あるいはこれまでの議論でいえばコミュニティ感覚を共有している。メンバーにとっては，ブランドとの関係性も重要だが，それ以上にメンバー同士のつながりが大切である。

第2は，儀式と伝統（rituals and traditions）である。儀式とは，たとえば自動車のSAABの運転手同士が道路ですれ違うときに警笛を鳴らし合うといった，あるブランドのファンの間で共有されている特有の行為のことである。伝統とはブランドの歴史を賞賛することや，ブランド・アイデンティティを体現するような話を共有することである。その話の内容には，いわゆる神話や各メンバーが当該ブランドを通じて得た個人的な経験が含まれる。儀式と伝統には，当該ブランドの持つアイデンティティを新規メンバーに伝えることや，同じ経験をしたメンバー同士がそれを共有することで同類意識を高めるといった効果がある。このように，儀式には，コミュニティ独自の意味や価値観をコミュニティ内にとどめる機能がある（Douglas 1979）。

ただし，儀式や伝統は，すべてのコミュニティで確認されるわけではない（Muniz and O'Guinn 2001）。たとえば，歴史の長いブランドのコミュニティは歴史の短いそれよりも，儀式や伝統といった要素が明確であったと報告されている（Schau and Muniz 2002）。儀式や伝統が生まれるには一定の時間が必要なためである。このことから，儀式と伝統はブランド・コミュニティを識別する要因として機能するが必須な要因とは認められない。

第3は，道徳的責任感（moral responsibility）であり，コミュニティやメンバーに対する責任感や義務感のことである。たとえば，初心者に対する商品の使用方法の手助けなどがこれにあたる。このような行動が行われることによって，コミュニティが価値ある場として機能するため，道徳的責任感はコミュニティを長期継続的に維持するうえで必須の要因である。高い道徳的責任感を有し積極的にコミュニティで活動を行うメンバーはハードコア・メンバーと呼ばれる。ハードコア・メンバーはブランドに対する関与が高く知識も豊富であり，商業的な意図を持たずに行動するため，ブランド・コミュニティは企業がほとんど関わることなく管理される場合もある。

ブランド・コミュニティは特定のブランドを好む人々を中心に形成される集団である。それは，メンバーがブランドとの関係性[1]（以下，ブランドとの関係性）を共通して有していることを意味する。メンバー間の相互作用からは儀式や伝統が生まれ，それが不文律ないしは成文律として浸透していくことになる。さらに，メンバーはブランドとも相互作用を行い，ブランドのCMやキャッチコピーのような商業由来のものから儀式や伝統が生まれる点で，他の一般的なコミュニティとブランド・コミュニティは大きく異なる。

なお，ここで提示した要素の多くはブランド・コミュニティを除く他のコミュニティでも同様に確認できる。しかし，メンバーが，特定のブランドを中心に他のメンバーと結びついていることを自覚している集団であるという点においてブランド・コミュニティは特殊である（Muniz and O'Guinn 2001）。また，メンバーはブランドを中心に集まっているために，ブランドから遠ざかると，他のメンバーと関わることが少なくなってしまうといった特徴もある（Cova, Pace and Park 2007）。なお，ブランド・コミュニティでは他のメンバーとの直接的な相互作用やその存在を実際に認識する必要はなく，他にメンバーがいることを想像できるかどうかが重要である。このことから，ブランド・コミュニティはAnderson（1983）が提唱した想像の共同体（imagined community）ともいわれる（Muniz and O'Guinn 2001）。ブランド・コミュニティは想像の共同体の1つなので，メンバー間で直接的な相互作用が行われなかったとしても，同じブランドへの好意的な態度さえ有していればメンバー間で同類意識が芽生えるのである。

1.2 ブランド・コミュニティにおける関係性

Muniz and O'Guinn（2001）の議論では，ブランド・コミュニティには2つの関係性，ブランドとの関係性とメンバー同士の関係性が存在することを前提にしている。つまり，**図3-1**左図にあるようなメンバーとブランド，メンバー同士のトライアドな関係性を考慮している点で，消費者とブランドのダイアドな関係性を前提としたブランド・リレーションシップの議論から発展している。このメンバー同士といった社会性に着目するのがマーケティング的側面からのブランド・コミュニティの独自性である。また，リレーションシップ・マーケティング研究やブランド研究でもいわれているように，その目標はブランドとの関係性を構築することではなく，維持することだという点も忘れてはならない。むしろ，絆の5段階に従えばブランド・コミュニティは関係性を構築することには不向きだともいえよう。

さて，ブランド・コミュニティには2つの関係性が存在するという議論に対し，McAlexander, Schouten and Koenig（2002）はメンバーとブランド，メンバー同士の関係性だけではブランド・コミュニティのすべてを説明することは困難であり，他の構成要素を加えて考察する必要があると指摘した。彼らは焦点となるメンバーを設定し，焦点メンバーと製品との関係性，そしてマーケ

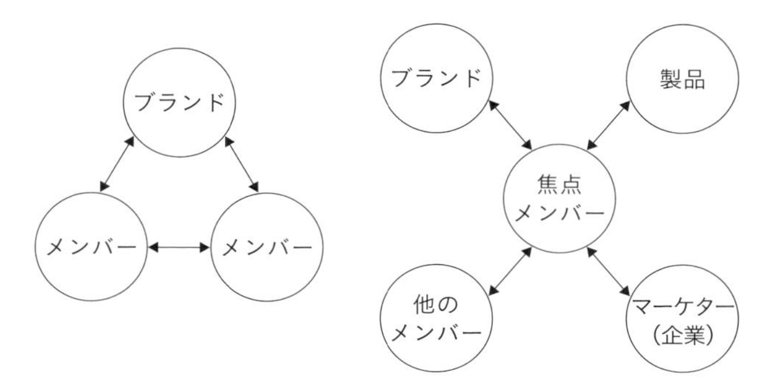

（出所）McAlexander *et al.*（2002, p.39）を参考に筆者作成。

図3-1 ●ブランド・コミュニティに見られる関係性

ター（企業）との関係性を加えることで，**図3-1**右図のようなメンバー中心のブランド・コミュニティ概念[2]を提示した。

この概念は，ブランド・コミュニティを考察するうえで有用だが，企業（製品）ブランドのコミュニティを扱う際には企業（製品）とブランドをメンバーが区別できるのかどうかという問題がある。実際，いくつかの研究でMcAlexander *et al.*（2002）の尺度を基に消費者調査を行い，探索的因子分析をした結果，4つの関係性に弁別されなかったという報告がされている（e.g. Casablanca 2011;Stokburger-Sauer 2010）。そのため，メンバー中心のブランド・コミュニティ概念は消費者行動を分析するためというよりは，企業側の管理指標的な視点として扱うべきである。本書では，消費者行動の視点からブランド・コミュニティを考察するため，ブランド・コミュニティで注目すべき関係性は2つ，ブランドとの関係性とメンバー同士の関係性と考える。

1.3 ブランド・コミュニティ研究における問題点

ブランド・コミュニティ概念がMuniz and O'Guinn（2001）によって提唱されて以降，極めて多くの研究が行われてきた。たとえば，Googleの論文検索サービスGoogle Scholarで“Brand Community”と検索すると約16,800件ヒットするし，“ブランド・コミュニティ”と日本語で検索すると約160件ヒットする。日本で同様のサービスを行っているCiNiiでも日本語の論文が55件ヒットする[3]。さらに，これらで検索したものは日本の研究をすべて表示しているわけではないし，ネット・コミュニティという用語を用いてブランド・コミュニティを研究しているものもあるなど（e.g. 澁谷 2003；森田 2003），国内外問わずにブランド・コミュニティ研究が活発に行われていることが理解できる。

しかし，多くの研究が発表された一方で，これまでの研究には問題もある。研究が増えるに伴い，そこで注目される概念も増えたが，ブランド・コミュニティ研究で着目すべき中核となる概念が十分に議論されてこなかったのである。多様な視点からブランド・コミュニティを考察することは必要だが，それと同様にあるいはそれ以上に中核概念を抽出し，それを基盤にブランド・コミュニティに関する理論を構築していくことが必要であろう。そこで本章の以下の節ではブランド・コミュニティ研究における中核となる概念を抽出するため，先行研究で提示されてきた概念を整理したい。

2　ブランド・コミュニティにおける概念整理

2.1　概念整理の留意点

本章では，既存のブランド・コミュニティ研究で提示されてきた諸概念を整理することで，ブランド・コミュニティにおける消費者行動を検討するうえではどういった概念に着目すべきかを把握する。その際，留意したい点が２点ある。第１は，ブランド・コミュニティがブランドとの関係性とメンバー同士の関係性から構成されていることを前提に議論している研究は多いものの，双方の下位構成概念を明示的に区別しているわけではない点である（e.g. Matzler *et al.* 2011;Scarpi 2010;Zhou *et al.* 2012）。そのため，ブランドとの関係性とメンバー同士の関係性がどのように影響し合っているかを体系的に示すことができていない。ここでは，それぞれの概念を明確に区別して影響関係を整理したい。

第2は，コミュニティに注目するうえではその外部にも重きを置くべきであるにもかかわらず，ブランド・コミュニティ研究の多くがその点について検討できていない点である。そのため，たとえばライバルブランドに注目した研究は非常に少ない（Hickman and Ward 2007；Muniz and Hamer 2001；Muniz and O'Guinn 2001）。したがって，ブランド・コミュニティの外部環境も考慮することが求められる。

2.2　方法論と分析結果の概略

ブランド・コミュニティ研究の概念整理を行ううえで用いた方法を説明したい。ここでは，リレーションシップ・マーケティング研究の中核概念である媒介変数に関する研究を整理するうえで Palmatier *et al.*（2006）が用いた方法を参考にしている。具体的には，*Journal of Marketing* や *Journal of Consumer Research*，*Journal of Business* 等で発表されたブランド・コミュニティ研究，とりわけ定量的研究をレビューし，そのなかで有意な影響を及ぼすあるいは有意な影響を受けている概念を計量して，一定の基準に従い概念を抽出した。本章で取り扱った研究は50を超える（e.g. Algesheimer, Dholakia and Herrmann 2005；Anderson 2005；Bagozzi and Dholakia 2002, 2006；Carlson, Suter and Brown 2008；Dholakia, Bagozzi and Pearo 2004；Hur, Ahn and Kim 2011；Marzocchi, Morandin and Bergami 2013；Munnukka, Karjaluoto and Tikkanen 2015；Matzler *et al.* 2011；Zhou *et al.* 2012；Shen *et al.* 2018）。

Palmatier *et al.*（2006）が100以上のリレーションシップ・マーケティング研究のメタ分析を行ったことと比較すると，本章で扱った研究の数はやや少ない。しかし，Casablanca（2011）が述べるようにブランド・コミュニティ研究は新しい研究分野であり，定量調査の絶対数が少ないことから，ブランド・コミュニティ研究における概念整理を行ううえでは十分な数と判断する。このような手法を採用することによって，理論的にも経験的にも重要性の高い概念のみを客観的に整理することができる。

ここでは，⑴先行変数と媒介変数，⑵成果変数の２つに概念を大別し，ブランドとの関係性とメンバー同士の関係性の下位構成概念を検討する。異なる名称で同じ意味の概念が用いられていることが予想されるため，はじめに１つの概念を抜き出して定義し，それを参考にコーディングを行った（**表３−１**）。なお，先行変数と媒介変数に関しては，その概念から従属変数に対して有意な影響を及ぼしていることが確認できたものを，成果変数に関しては有意な影響を受けているものだけを抜き出している。

先行研究で用いられてきた概念を計量し，今回基準とした水準である５本以上[4]の論文で有意な影響を及ぼしていることが確認できた先行変数や媒介変数は，⑴（メンバー間の）相互作用，⑵ブランドとの同一化，⑶コミュニティとの同一化（もしくは同類意識），⑷道徳的責任感，⑸コミュニティ・コミットメントが挙げられる。その多くはメンバー同士の関係性の下位構成概念に注目が集まっていることがわかる。

成果変数も同様に５回以上有意な影響を受けているものを抽出した。それによると，⑹ブランド・ロイヤルティ，⑺クチコミといったように，ブランドとの関係性の下位構成概念に着目していることが特徴として見られた。

媒介変数かつ成果変数として注目されているのは，⑻ブランド・コミットメントであり，両者で扱われた回数を合計すると５回以上取り上げられていることを確認することができた。ブランド・コミットメントは，ブランド・ロイヤルティやクチコミといった行動につながることがこれまでのブランド研究からも明らかにされてきたため，それを媒介変数として扱ったり，その後の影響関係を所与のものとして成果変数として用いたりしてきたのである。

本章ではコミュニティ外にも着目しているため，上記の８つの要因に加え，先行研究で取り上げられてきたコミュニティの外部への意識（シャーデンフロイデと対抗的ブランド・ロイヤルティ）も取り上げる。以上が本章で注目する概念であり，そこで提示したものをまとめたものがブランド・コミュニティの概念モデルである（**図３−２**）。ブランド・コミュニティはメンバー間の相互作用が行われていくなかで形成されるため，メンバー間の相互作用はブランドとの関係性とメンバー同士の関係性の規定因であると説明できる。そして，ブラ

表3－1 ■ 概念の定義と代表的な研究

概念	定義	代表的な研究
先行変数と媒介変数		
相互作用	他のメンバーとのコミュニケーションのやりとり (Tsai, Huang and Chiu 2012)	Bagozzi and Dholakia 2006; Heere *et al.* 2011; Woisetschläger, Hartleb and Blut 2008
ブランドとの同一化	消費者が自らのアイデンティティとブランドの持つそれとが一致していると考えること (Bagozzi and Dholakia 2006)	Carlson *et al.* 2008; Matzler *et al.* 2011; Phillips-Melancon and Dalakas 2014; Zhou *et al.* 2012
コミュニティとの同一化	メンバーが自らのアイデンティティとコミュニティの持つそれとが一致していると考え，それに対して愛着のような情緒的な感情を有すること (Algesheimer *et al.* 2005)	Algesheimer *et al.* 2005; Carlson *et al.* 2008; Matzler *et al.* 2011; Scarpi 2010; Tsai *et al.* 2012
道徳的責任感	コミュニティやメンバーに対する責任感や義務感 (Muniz and O'Guinn 2001)	Algesheimer *et al.* 2005; Bagozzi and Dholakia 2006; Dholakia *et al.* 2004; Park and Cho 2012
コミュニティ・コミットメント	コミュニティにおける関係性を継続することに対する行動意図 (Hur *et al.* 2011)	Hur *et al.* 2012; Kuo and Feng 2013; Park and Cho 2012; Zhou *et al.* 2012
成果変数		
ブランド・ロイヤルティ	好ましい製品・サービスを将来にわたって継続的に購買，あるいはひいきし続けること (Chaudhuri and Holbrook 2001)	Algesheimer *et al.* 2005; Gummerus *et al.* 2012; McAlexander, Kim and Roberts 2003; Thompson and Sinha 2008
クチコミ	消費者間における当該ブランドに関する非公式な情報交換 (Liu 2006)	Carlson *et al.* 2008; Hur *et al.* 2011; Scarpi 2010; Woisetschläger *et al.* 2008
媒介変数かつ成果変数		
ブランド・コミットメント	情緒的かつ認知的な認識によって生じるブランドへの行動意図 (Kim, Morris and Swait 2008)	Carlson *et al.* 2008; Casaló *et al.* 2008; Marzocchi *et al.* 2013; Zhou *et al.* 2012

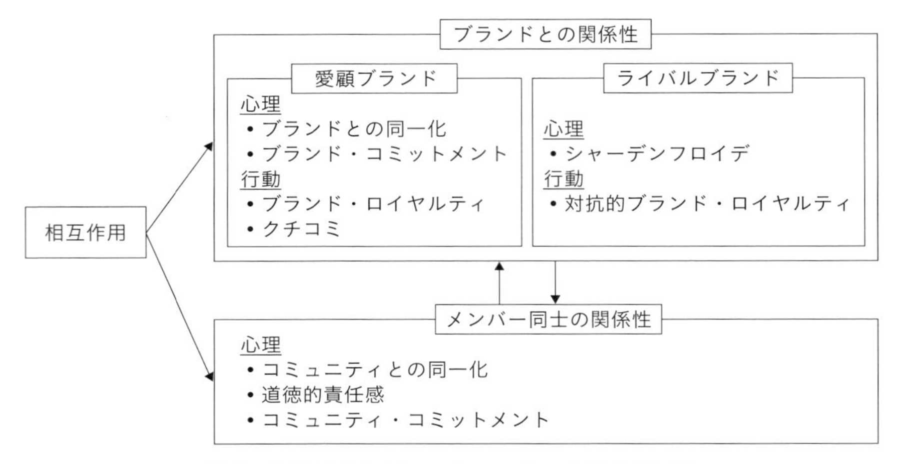

図3-2●ブランド・コミュニティの概念モデル

ンドとの関係性とメンバー同士の関係性はそれぞれ影響を及ぼし合う。ただし，先行研究においては主に，メンバー同士の関係性がブランドとの関係性に影響を及ぼすと考えてきた点には留意したい。これについては，本章でレビューした研究がマーケティング分野のジャーナルに掲載されたものであるため，その成果をブランドとの関係性の強化に設定していることにも起因しているだろう。なお，相互作用は本来メンバー同士の関係性に含んで表現すべきであるが，本モデルでは相互作用がブランドとの関係性のみならずメンバー同士の関係性にも影響を及ぼすことを強調するため，独立して表記している。また，クチコミも相互作用に含んで表記すべきであるが，本書では相互作用をメンバー間のコミュニケーションのやりとり全般，そのなかでも当該ブランドに関してのやりとりをクチコミとして区別することを強調するため，別々に表記している。

以下では，各概念に着目して議論し，次にそのなかで中核概念を抽出していきたい。

3　各概念についての検討

本節では，各概念について詳述していく。はじめにブランドとの関係性の下位構成概念，次にメンバー同士の関係性の下位構成概念について触れる。

3.1　ブランドとの関係性（成果変数）

(A)　愛顧ブランドとの関係性

(1)　ブランドとの同一化

愛顧ブランドとの関係性を説明する概念として，多くの研究がブランドとの同一化に注目している（Algesheimer *et al.* 2005;Bagozzi and Dholakia 2006;Carlson *et al.* 2008;Stokburger-Sauer 2010）。ブランドとの同一化とは，消費者がブランドと自己のアイデンティティが一致していると認識することである（Carlson *et al.* 2008）。メンバーはブランドとの同一化を果たすことで，ブランドを自らの一部ないしは延長と捉え，ブランドを通じて自己を規定することになる（Belk 1988;Schau and Gilly 2003）。すなわちそれは，メンバーとブランドとの間に強い絆が生まれることを意味する。このように，メンバーはブランドを用いて自らを規定することがよくあり，当該ブランドがより魅力的で豊かなイメージを有していればいるほどその傾向が見られる。この点については，第1章で論じたとおりである。

ブランド・コミュニティ研究におけるブランドとの同一化に関する見解は，必ずしも一致しているわけではない。たとえば，Bagozzi and Dholakia（2006）では，ブランドとの同一化とブランド・ロイヤルティの間には有意な影響が見られなかったことが報告されている。しかし，Carlson *et al.*（2008）は，ブランドとの同一化はブランド・コミットメントに影響を及ぼすことで間接的にブランド・ロイヤルティを高めることを指摘している。また，Algesheimer *et al.*（2005）は，Bagozzi and Dholakia（2006）の尺度と類似した項目を，異なる概念（ブランド・リレーションシップ・クオリティ）として扱い，それがブランド・ロイヤルティに有意な影響を及ぼすことを実証研究により明らかにしている。

以上のように，ブランド・コミュニティ研究ではブランドとの同一化が及ぼす影響に関しては具体的に一致した見解が出ていないが，ブランドとの関係性を維持するうえでブランドとの同一化が重要概念であることはブランド・リレーションシップ研究からも明らかである（e.g. Escalas and Bettman 2009; 久保田 2010）。

⑵　ブランド・コミットメント

畑井（2002）によると，ブランドとの関係性は自己の一部としてのブランド，ならびにパートナーとしてのブランドの２つに分けられる。この区分に従うと，ブランドとの同一化はブランドを自己の一部と捉える視点であり，ブランド・コミットメントはブランドをパートナーと捉える視点で挙げられる概念である。

ここでブランド・コミットメントとは，情緒的かつ認知的な認識によって生じるブランドへの行動意図と定義される（Kim *et al.* 2008）。これと類似した概念として，ブランド・ロイヤルティが挙げられる。本書では，それぞれの概念を意図と行動により区別し，ブランド・コミットメント（意図）がブランド・ロイヤルティ（行動）を規定すると考える[5]（Kim *et al.* 2008）。

先の定義においても明示しているように，ブランド・コミットメントは愛情や愛着といった情緒的側面から強化されるコミットメントと，知覚リスクや知覚差異，機能といった認知的側面から強化されるコミットメントという２側面から捉えることができる（Kim *et al.* 2008; Park, MacInnis and Priester 2009; 井上 2011）。これは，ブランドとの関係性が情緒的側面と合理的側面の双方から強化されていくと述べた Keller（2008）の指摘とも一致する。情緒的側面から強化されるのが情緒的なコミットメントで，合理的側面から強化されるのが認知的なコミットメントである。そしてそれぞれが共同的関係や交換的関係を強化していくことにつながる。

ブランド・コミュニティに参加するメンバーの多くはブランド・コミットメ

ントを最初から有している傾向がある。そして，コミュニティに参加することでブランドに関しての知識を蓄えるなどしてブランド・コミットメントをさらに向上させる。これにより，ブランド・ロイヤルティといった行動にもつながるのである。

⑶　ブランド・ロイヤルティ

ここまで議論してきた２つの概念（ブランドとの同一化およびブランド・コミットメント）は，いずれも愛顧ブランドへの心理的な概念であった。次に，愛顧ブランドへの行動に関する概念を整理したい。ブランド・コミュニティ研究ではブランド・ロイヤルティが最終的な成果変数としてよく用いられている（Adjei, Noble and Noble 2010；McAlexander *et al.* 2002, 2003；Thompson and Sinha 2008）。メンバーの継続購買といった行動を促すことは企業にとっての目標の１つだからである。

第１章でも論じたように，ブランド・ロイヤルティは元来，心理的側面と行動的側面の両方を含む概念といわれてきたが，実証研究では反復購買の頻度のような行動的側面のみに焦点が当たっていた[6]（Fournier 1998）。そして，ブランドへの心理的側面については異なる概念，たとえば，ブランドへの愛着を示すブランド・アタッチメントが用いられる傾向がある（Park *et al.* 2009）。態度と行動は必ずしも一致するわけではなく，それぞれは因果関係で捉えられることを考慮すると（Ajzen 1991；Fishbein and Ajzen 1975），その双方を同一概念の構成要素と捉えることには限界があるといえよう。とはいえ，行動的側面のみからロイヤルティを捉えた際，消費者が当該ブランドを好んでいるために継続購買しているのか，他のブランドにスイッチするのが手間だから，そのブランドしか選択肢がないから，価格が安いから継続購買しているのかといったことを判断できない。いわば，行動的側面のみから捉えたブランド・ロイヤルティは表面的なブランド・ロイヤルティということができる（Kim *et al.* 2008）。このため，ブランド・ロイヤルティを再購買という行動からのみ計測することは不適当であるとの指摘もある（Kim *et al.* 2008；Oliver 1999）。

その問題点を解決するため，Kim *et al.*（2008）や Odin, Odin and Valette-Florence（2001）は行動的側面に加えブランド感度（brand sensitibity）という認知的側面からもブランド・ロイヤルティを規定すべきと主張する。ブランド感度とは，ブランド間の差異を知覚することができるかどうかといったことである。ブランド感度を加えることで，消費者が当該ブランドが他のブランドと異なることを認識したうえで再購買しているかどうかを把握することが可能となる。行動的なレベルでの再購買と認知的なレベルでのブランド感度という２側面からブランド・ロイヤルティを捉えることにより，表面的なブランド・ロイヤルティと真のブランド・ロイヤルティを区別することができるのである。そのため，本書ではブランド・ロイヤルティを行動的側面と認知的側面から捉えるべきと考える。

(4)　クチコミ

ブランド・コミュニティに参加するメンバーの行動で顕著に見られるのはクチコミである。ここでいうクチコミとは，愛顧ブランドに関する情報をブランド・コミュニティの内部や外部に向けて行う非公式な情報交換のことを意味する（Carlson *et al.* 2008；McAlexander *et al.* 2002；Scarpi 2010；Woisetschläger *et al.* 2008）。

ブランド・コミュニティには，豊富な知識を持ち，積極的にコミュニティで活動するハードコア・メンバーが存在している（Schouten and McAlexander 1995）。ハードコア・メンバーは道徳的責任感を有するために，初心者のサポートを積極的に行い質問にも答える。そのような行動が行われるため，ブランド・コミュニティは消費者が情報探索を行ううえでの情報源として機能する（久保田 2003b, c）。羽藤（2012）はコミュニティへの帰属意識が高いメンバーはオピニオン・リーダー度が高い傾向にあり，情報発信を積極的に行うという結果を実証研究により明らかにしている。また，ブランド・コミットメントが高い消費者はクチコミを行いやすい傾向があるため，高いコミットメントを有するメンバーによって構成されているコミュニティでは自然とクチコミが多くなりやすい。

(B) ライバルブランドとの関係性

(1) シャーデンフロイデ

先行研究ではブランド・コミュニティの外部に注目することは稀であった。しかし，第2章でのコミュニティ研究のレビューからも明らかなように，コミュニティを検討するうえではその外部にも注目すべきであろう。そこで，先行研究で議論されてきた外部への心理的・行動的側面に関する概念についても取り上げる。ライバルブランドへの心理的側面として，まず注目されるのがシャーデンフロイデという感情である。これは，もともと心理学で提唱されていた概念であり，Hickman and Ward (2007) によってブランド・コミュニティ研究に持ち込まれた。

シャーデンフロイデとは，「ライバルブランドに何らかの失敗や不幸が起きた際に喜ぶ感情」(Feather and Scherman 2002, p.954) と規定される。ことわざの「他人の不幸は蜜の味」や，ネットスラングである「メシウマ（他人の不幸でメシがうまい)」と類似した概念であり，日常生活でもよく見られる。具体的には，特定のスポーツチームの熱狂的なファンが，ライバルチームの主力選手が怪我をした際に喜ぶといった感情がそれにあたる。メンバーは，このような外部への意識を有することで，内と外を分ける境界線を再認識し，それぞれの類似性と相違性をより明確に理解することができる。

(2) 対抗的ブランド・ロイヤルティ

シャーデンフロイデはあくまでも心理的側面であり行動的側面を示す概念ではない。しかし，この意識が顕在化すると，対抗的ブランド・ロイヤルティが生じる。対抗的ブランド・ロイヤルティとは，ライバルブランドの商品を拒否することであり，その拒否には商品の購入を拒否することや否定的なクチコミ[7]を行うことなどが含まれている (Kuo and Feng 2013; Muniz and Hamer 2001; Thompson and Shinha 2008)。ブランド・コミュニティの境界線の外側には，他ブランドを中心として集まるコミュニティがあり，それらが対抗的な関係になる場合があることは知られている（O'Sullivan, Richardson and Collins 2011）。たとえば，コカ・コーラとペプシの関係がその代表例であり，ライバル関係が明白であればメンバーはライバルブランドに対して対抗的ブランド・ロイヤルティを有することがある（Muniz and Hamer 2001）。

メンバーは対抗的ブランド・ロイヤルティを有することによって，愛顧ブランドや自らが所属するコミュニティをより深く理解できる（Muniz and O'Guinn 2001）。何を消費（どんなコミュニティに所属）するかだけでなく，何を消費（どんなコミュニティに所属）しないかによって自らが所属する内集団との類似性，所属しない外集団との相違性を明確に認識することができるためである。

対抗的ブランド・ロイヤルティは，ライバルブランドが独占的なほど生まれやすいが，それはライバルブランドが与える脅威が知覚されることにも起因する（久保田 2003b, c）。ライバルブランドが成長・拡大することで，愛顧ブランドが市場から撤退する恐れがあるためである。ただし，強大なブランドに対して弱小なブランドが対抗するという図式には必ずしも限定されない。たとえば，パソコン市場で独占的なシェアを有するWindowsユーザーもMac（Apple）に対して対抗的ブランド・ロイヤルティを持つことがある。高い対抗的ブランド・ロイヤルティを有したメンバーが多くなると，アンチブランド・コミュニティといわれる特定のブランドに否定的な意識を有するコミュニティが誕生することもある（Hollenbeck and Zinkhan 2006, 2010）。

3.2　メンバー同士の関係性（先行変数・媒介変数）

(1)　相互作用

相互作用とは「人々が行為のやりとりを通じて互いに影響を与え，また，与えられる過程」（船津 2012, p.814）のことである。ブランド・コミュニティ研究では相互作用という概念そのものについて議論することは少なく，他のメンバーとのコミュニケーションと捉えることが一般的である（Tsai *et al.* 2012）。

今日ではメンバー間の相互作用の多くがネット上で行われているが，それは積極的に情報発信をする少数のRAM（radical access member）によって一方的に行われる傾向があるため，話し手と読み手が直接的に影響を与え合うわけではないこともある。しかし，書き込みを行うRAMは，情報発信をほとんど行わない多数のROM（read only member）が自らの書き込みを読むことを意識して書き込む内容を考える（池田 2000）ことを考慮すると，ROM（読み手）もRAM（話し手）に影響を及ぼしているといえよう。こういったことから本書では，ネット上での一方的な書き込みも相互作用とみなす。

相互作用というと「互いに影響を与える」という点ばかりに注目し，自らの態度や行動は他者からの影響のみを受けて決定されると考えられがちだが，それだけではなく自分自身が有する特性からの影響も同時に受けているという点に留意したい（久保田 2012)。つまり，他者からの影響ばかりに注意を払ってはならないということである。

メンバー間の相互作用は2つの次元，その質と量から捉えられる（Adjei *et al.* 2010;Mohr and Sohi 1995;Mohr and Spekman 1994)。たとえばAdjei *et al.*（2010）は，相互作用の質については適時性と関連性，量については持続期間と頻度で捉えることが可能だと述べる。まず，適時性とは，欲しい情報を欲しいときに手に入れられることである。たとえば，自身が掲示板に書き込んだ質問に対して1年後に返事が来ても意味がない。関連性とは，話されている話題が自身の関心や提供した話題と一致しているかどうかである。自身が参加しているコミュニティで，興味のないブランドの話題が続いた際には相互作用の質が低いと感じる。量は，持続期間と頻度で操作化できる。長期的かつ高頻度で相互作用を行うことによって，メンバー同士の関係性は良くなり，情報源の信頼度も高まる。先行研究においては，その頻度が注目されることが多い。

Adjei *et al.*（2010）では，これらの要素を用いて相互作用の質や量を測定した結果，その質が高く，量が多い際にはメンバーが特定のブランドを購買する際に有する不確実性が低減し，当該ブランドを購買する幅や深さが広がったり深くなったりする傾向にあることを明らかにしている。

(2)　コミュニティとの同一化

コミュニティ研究では，メンバー同士の関係性のなかでも同質性であったり類似性という点が重要視されてきた（Harper and Dunham 1959；Thomas, Price and Schau 2013）。それがメンバー同士の結びつきを強化し，コミュニティを形づくるためである。ブランド・コミュニティ研究ではこの点について，コミュニティとの同一化（identification with brand community）という概念を用いた説明が行われている。しかし，それと類似した概念として，同類意識という概念が論じられることがある。はじめに，これらの類似概念を整理しておきたい。

コミュニティとの同一化に最初に注目したAlgesheimer *et al.* によると，同類意識は自らが他のメンバーないしはコミュニティと同質性を感じることができるかどうかといった認知的要素が重要だが，コミュニティとの同一化はそこに情緒的要素を含む。すなわち，コミュニティとの同一化とは同類意識を内包する概念であり，自らをコミュニティの構成要素と捉えることや，コミュニティが自らの属性の一部であるかのように感じ，それに対して愛着のような情緒的な感情を有することである（Algesheimer *et al.* 2005；Bagozzi and Dholakia 2006；Dholakia *et al.* 2004；Stokburger-Sauer 2010）。本書ではより上位概念のコミュニティとの同一化に着目する。

これまでの研究では，コミュニティとの同一化は先行変数として用いられる傾向があり，それが高まることによってコミュニティやブランドへのコミットメントが高まることや，ブランドへの信頼，ブランド・ロイヤルティにつながることなどが明らかにされている（Carlson *et al.* 2008；Marzocchi *et al.* 2013；Matzler *et al.* 2011；Scarpi 2010）。以上のように，コミュニティとの同一化はそれが高まることによってコミュニティへのコミットメントやブランドへのコミットメントといった企業が目標とする成果に寄与することが指摘されてきたため，ブランド・コミュニティ研究において無視することはできない概念である。コミュニティとの同一化がなぜそういった機能を有するのかについては後述する。

(3) 道徳的責任感

道徳的責任感とは，コミュニティのメンバーであるからには他のメンバーを支援したいという責任感，また，しなければならないといった義務感のことである（Algesheimer *et al.* 2005; Muniz and O'Guinn 2001; Park and Cho 2012; 久保田 2003b）。この意識は，普段コミュニティで情報をもらったりして助けてもらっているお返しに手助けをするといった互酬的な意識と，メンバーとしての責務といった義務感が組み合わさっている点に特徴がある。

Preece, Maloney-Krichmar and Abras（2003）は，ネット・コミュニティでも道徳的責任感によってコミュニティが支えられていると述べている。つまり，道徳的責任感はリアルかオンラインかを問わず存在する意識である。道徳的責任感から生じる行動の最も典型的な例は，他のメンバーからの質問に対する回答である。とりわけ，ネット上のブランド・コミュニティでは，そのようなやりとりが重要視されている（Muniz and O'Guinn 2001）。このような意識が存在することで質疑応答が繰り返され，結果として新しい知識がコミュニティ内で生成されることもある（石井 2002）。それにより，コミュニティがより魅力的な場へと変化し，メンバーを引きつけるため，道徳的責任感はメンバーを継続してコミュニティに参加するように促す機能を持つと考えられる（Mathwick, Wiertz and Ruyter 2008; Park and Cho 2012）。

また，コミュニティが長期的に継続していくと，コミュニティの規範に逆らう逸脱者が現れるが（Amin and Sitz 2004），その逸脱者への対処のような問題解決にメンバーが一致団結することで，コミュニティでのつながりはより強くなる。このような場面でメンバーを動機付けているのは，まさに道徳的責任感である。

(4) コミュニティ・コミットメント

コミュニティ・コミットメントとはコミュニティにおける関係性を継続させたいというメンバーの行動意図を意味する（Hur *et al.* 2011; Kuo and Feng 2013; Zhou *et al.* 2012）。コミュニティ・コミットメントが高まることでメンバーはコミュニティに継続的に参加し，ブランド・コミットメントを高めるようになる（Zhou *et al.* 2012）。

コミュニティ・コミットメントを高めるうえではコミュニティの道具的価値と表出的価値を高めることが有効である（Mathwick *et al.* 2008）。道具的価値とは機能的な価値のことであり，メンバーが自らの目的を遂行するうえでブランド・コミュニティが役立つかどうかを意味する。表出的価値とは行為それ自体が目的となる価値であり，行為自体を楽しむ情緒的側面に代表される。Kuo and Feng（2013）も同様のことを論じ，コミュニティから知識や社会的便益，快楽的便益を得られることができればメンバーのコミュニティ・コミットメントが高まるとしている。つまり，メンバーがコミュニティ・コミットメントを抱くようになるには，コミュニティがメンバー自らに便益を提供してくれる場として機能することを認識する必要があるため，ある程度の期間コミュニティで活動することが求められることがわかる。

4 ブランド・コミュニティ研究における2つのアプローチ

4.1 ブランド・コミュニティにおける中核概念

先行研究ではメンバー同士の関係性の下位構成概念を先行変数や媒介変数に，ブランドとの関係性の下位構成概念を主たる成果変数と捉えてきた。このことは，企業がブランド・コミュニティを通じてブランドとの関係性を強化するためには，まずメンバー同士の関係性を強固にする必要があることを示している。

では，メンバー同士の関係性のなかでもどの概念を中核に位置付けるべきか。この点について考えるうえでは，前章で提示したコミュニティの循環モデルが参考になろう。モデルで提示した概念は3つ，境界線，相互作用，共通の絆である。境界線については，心理的コミュニティではコミュニティ感覚が重要であった。ブランド・コミュニティでは，それは同類意識として扱われ，コミュニティとの同一化に内包されていることは前述のとおりである。相互作用はそのままメンバー間の相互作用を示している。共通の絆はメンバー同士の関係性を意味する。そこでは，コミュニティとの同一化，道徳的責任感，コミュニティ・コミットメントが重要だったわけだが，本書ではそのなかでもコミュニティとの同一化に着目したい。同一化の程度が高まることはメンバー同士の関係性がより強固になることを意味するため（Tajfel 1978），コミュニティとの同一化を用いてメンバー同士の関係性の強度を把握することもできるためである。以上のように，ブランド・コミュニティにおいて，コミュニティとの同一化は境界線としての役割を果たすのみならず，共通の絆としても機能しているのである。

以上の議論から，メンバー同士の関係性のなかでもとりわけ重要なのがメンバー間の相互作用とコミュニティとの同一化であることがわかる。そして，両概念はブランドとの関係性の強化に寄与することが経験的にも明らかにされてきた。それゆえ，この両概念こそがコミュニティを管理するうえで重視すべき成果指標になりうると考える。ここで，相互作用に着目してきた研究はその頻度を取り上げて検証してきた点を指摘しておきたい。メンバー間の相互作用が増えれば増えるほど，メンバーはブランドを好むようになると考えてきたわけである。すなわち，ブランド・コミュニティ研究においては，相互作用の頻度のような行動面を起点として考える研究群とコミュニティとの同一化のような心理面を起点として考える研究群が存在するのである。ここでは，メンバー間の相互作用を中核概念に位置付け，その頻度とブランドとの関係性を直接結びつけて議論するアプローチを相互作用アプローチ，コミュニティとの同一化を中核概念に位置付けるアプローチを社会的同一化アプローチとして命名する。

4.2　相互作用アプローチ

相互作用アプローチでは，コミュニティ内でメンバー間の相互作用が行われるという事実ばかりに注目している。そして，その頻度が増加することによってブランドとの関係性が強化されると考える（e.g. Bagozzi, Dholakia and Pearo 2007；Casaló *et al.* 2008；Woisetschläger *et al.* 2008）。前述のレビューからもわかるように，相互作用は質と量から捉えられるが，その質については愛顧ブランドに対して肯定的で有益なものが大半のため，コミュニティには当該ブランドに有利な情報が溢れていることが前提とされた。結果，相互作用の量を示す頻度が増えることで，メンバーが愛顧ブランドに有利な情報を入手する機会が増加すると考えた。そしてそれはブランドとの関係性の強化に寄与するとして，その影響関係が経験的に示されてきた。ブランド・コミュニティが当該ブランドを好む人々から構成されることを考えると，そこでの相互作用が当該ブランドに関する話題が主で，その質的内容についても肯定的であるという議論には問題がないように思われる。しかし，De Almeida, Dholakia and Vianello (2007) によって，企業管理のコミュニティ[8]では当該ブランドに関する話題が中心だが，消費者管理のコミュニティでは，当該ブランドに関する話題だけでなく，ブランドとは関係のない話題が多く話されていることが指摘されている点は強調しておきたい。相互作用の話題が当該ブランドにとって肯定的か中立的か，否定的かといった方向性については触れられていないが，話題については多様であることが論じられているのである。

さて，このメンバー間の相互作用はコミュニティに不可欠な要素である (Harper and Dunham 1959; Hillery 1955; MacIver 1917)。相互作用が行われることによって，メンバー間の関係性が規定され (Håkansson and Snehota 1995)，コミュニティが形成されるためである (Amine and Sitz 2004; 久保田 2003b)。つまり，メンバー間の相互作用はブランドとの関係性のみならず，メンバー同士の関係性にも影響を及ぼす。しかし，相互作用アプローチではそのような点には注目せず，相互作用が行われることによってブランドとの関係性が強化されるという直接的な影響ばかりに注目している。

相互作用が行われるという点を重要視しているため，相互作用を促す要因に関する研究も行われている (e.g. Bagozzi and Dholakia 2002, 2006; Casaló *et al.* 2008; Tsai *et al.* 2012)。たとえば，Tsai *et al.* (2012) は，相互作用を促す要因を３つのレベル，個人レベル，集団レベル，関係性レベルから検討している。その結果として，外向性 (extraversion) や親和欲求 (need for affiliation）といった個人の資質，コミュニティとの同一化の程度や知覚した参加人数の多さ（perceived critical mass）といった集団特性，他のメンバーを信頼できるかどうかといった関係性の質が，メンバー間の相互作用を促す要因として機能することを実証している。

今日，実務においては相互作用アプローチが重要視され，Facebookでの「いいね！」数や自社HPでのPV（page view），コメント数等，実際に参加したりコミュニケーションを行っているかどうかといった相互作用の量を増やすことを目標にしていることが多い。これについては，実際に計測が容易であることも関係している。

4.3　社会的同一化アプローチ

社会的同一化アプローチでは，コミュニティとの同一化に注目する。メンバーがコミュニティと同一化する程度を高めることによって，そのコミュニティの中心に存在するブランドをより好むようになると考える（e.g. Algesheimer *et al.* 2005; Carlson *et al.* 2008; Hickman and Ward 2008; Matzler *et al.* 2011）。このアプローチは社会的同一化理論（social identity theory）に基づくことから，以下では社会的同一化理論とそれに関わる考え方（Tajfel 1978; Turner 1987）について簡潔に記述しながら，なぜメンバーがコミュニティと同一化することによってブランドとの関係性を強化すると考えるのかについて論じたい。

人は，自分自身を表現することを望む傾向があるが，それを行うためには自己がどのような人物であるかを客観的に認識する必要がある。客観視した自己は自己概念（self-concept）として表されるが，自己概念は個人的アイデンティティと社会的アイデンティティから形成される（Hogg and Abrams 1988; Turner 1982）。個人的アイデンティティとは，自分自身の特性や能力といった内的属性の観点から他者と自己を区別する一個人としての自己概念である（Turner 1982）。他方，社会的アイデンティティとは社会的カテゴリーの集団性によって記述される自己概念であり，「ある社会集団の一員であるという認識に基づく個人の自己概念の一部であり，集団に属していることが価値的ないしは情緒的な意義を伴うもの」（Tajfel 1978, p.63）と定義される。つまり，人は個人属性のみならず，自らが所属する集団の属性を通じて自己を規定する。

社会的アイデンティティを考えるうえで重要になるのが，人が集団をどう分類しているかである。集団の分類については多様な考え方があるが，一般に人々は集団を自らが所属する内集団と所属しない外集団という２つに分類する傾向がある（Turner 1987）。一度集団が区別されると，人はそれぞれの差異性に注目しながら内集団と外集団を比較するようになる。この際，メンバーは内集団が外集団よりも高く評価できる次元で比較を行う。内集団を外集団よりも高く評価することで，その集団に属する自らの価値や自尊心を高めるためである（Hogg and Abrams 1988）。ここで留意すべきは，比較する次元には客観的な差が見られなかったとしても，個人の主観により差があると判断されれば比較が行われるということである（Ferguson and Kelly 1964）。ブランド・コミュニティにおいては，比較過程で当該コミュニティのみならず，コミュニティの中心に存在するブランドも高く評価される。そのブランドを高く評価することは，当該コミュニティやそこに属する自らを高く評価することと同じだからである。

メンバーはこういった比較過程を通じて当該ブランドを高く評価していくが，そこでは，メンバーがコミュニティとどの程度一体感を得ているかや，他のメンバーとのつながりが重要だと認識しているか，すなわちコミュニティとの同一化が重要となる。その程度が高ければ高いほど，そのコミュニティないしはブランドへの評価と自己評価が一致していくため，自己評価を高めるためにもブランドをより高く評価するようになるのである。この結果としてブランドとの関係性が強化される。

さらに，メンバーがコミュニティと同一化する程度を高めるということは，メンバー間の類似性が高くなることを意味する。メンバーは自らと類似性の高い他のメンバーの特徴を自らの特徴へと変化させる，いわゆるステレオタイプ化していく傾向がある（Berger 2016; Turner 1987）。そのため，その程度が高くなると，当該ブランドを好んでいるといった他のメンバーの特徴の影響を受け，ブランドへの態度をより良好なものへと変化させるようになる。

以上のようなメカニズムによってコミュニティとの同一化がブランドとの関係性を強化していくと考えるのが社会的同一化アプローチである。

4.4　相互作用アプローチと社会的同一化アプローチの課題

相互作用アプローチと社会的同一化アプローチは，相互作用とコミュニティとの同一化のどちらにより着目するかによって区分される。本書では，それぞれのアプローチを検討しながら，企業がブランド・コミュニティを管理していくなかでブランドとの関係性を強化するためには，相互作用とコミュニティとの同一化のどちらを成果指標に用いるべきかを明らかにしたい。ここで，それぞれのアプローチにおける課題を指摘しておきたい。相互作用アプローチでは，その量を示す頻度ばかりに注目し，質についての議論が十分にされてこなかった。前述のように，先行研究ではコミュニティ内での相互作用は愛顧ブランドに対して肯定的で有益なものが大半であることを所与のものとして，コミュニティへ参加することやコミュニティ内で他のメンバーとコミュニケーションを取る頻度を重要視してきた。しかし，コミュニティ内での相互作用は当該ブランドにとって肯定的でもあれば否定的であることも予想できるし，当該ブランドと無関係の雑談が行われることも考えられる。そういった点を踏まえると，相互作用の質的側面に着目してブランド・コミュニティを検討していく必要があると思われる。さらに，相互作用の質的側面に注目していくなかで，メンバーは相互作用を通じていかにブランドとの関係性を強化していくのかについても再度検討を加えたほうが良いだろう。なお，本書では相互作用の質的側面を，話題と方向性（肯定・中立・否定）という2側面から捉える。話題とはどういった内容が話されているかで，方向性とはそれが当該ブランドにとって肯定的な話題なのか否定的な話題なのかといったことである。これは，Adjei *et al.*（2010）のいう関連性を強く意識している。

また，先行研究でも相互作用を促す要因については議論しているものの，そこでは実際に参加しているかどうかといった行動のみに着目している。行動のみに注目することの危険性については前述のブランド・ロイヤルティの説明においても行ったが，それではメンバーが自ら望んでコミュニティに参加しているのかどうかといったことがわからない。それゆえ，心理的な側面からの考察が求められよう。すなわち，実際に参加したかどうかではなく参加したいと思うかどうかを重要視すべきである。

社会的同一化アプローチでは，コミュニティとの同一化がいかなるメカニズムによってブランドとの関係性を強化するかについての議論は行われてきた。他方で，メンバーはいかなるコミュニティに参加することによってコミュニティとの一体感を覚えるようになるのかといったことが十分に議論されてこなかった。

第Ⅱ部以降では，それぞれのアプローチが抱える課題を解決しながら，企業がコミュニティを管理するうえではどちらの成果指標を用いるべきかを解明し，さらにそれはいかなる要因によって促されるのかを明らかにしていきたい。

5　小括：相互作用アプローチと社会的同一化アプローチ

本章ではブランド・コミュニティ研究のレビューを通じ，ブランド・コミュニティの特質について論じた。そのなかで，ブランド研究からは社会性といった点で独自性があり，コミュニティ研究からは当該ブランドの消費・所有経験ではなく，好意的な態度こそが重要な心理的コミュニティの１つであることを述べた。

そして，先行研究で用いられてきた諸概念を整理することによって，ブランド・コミュニティ研究で注目されてきた概念をより具体化して提示した。さらに，先行変数と媒介変数，成果変数に概念を大別することによって，ブランドとの関係性とメンバー同士の関係性は本来的には相互に影響を与え合うにもかかわらず，先行研究ではメンバー同士の関係性が強固になることによってブランドとの関係性が強化されると考えられていたことが明らかになった。つまり，企業がブランド・コミュニティを通じてブランドとの関係性を強化するためには，メンバー同士の関係性をまず強固にする必要があるということである。

これまでのブランド・コミュニティ研究は２つのアプローチに大別できる。１つは，メンバー間における相互作用の頻度といった行動面とブランドとの関係性を直接結びつけて考える相互作用アプローチである。もう１つは，コミュニティとの同一化といった心理面とブランドとの関係性を結びつけて議論する社会的同一化アプローチである。双方のアプローチとも，相互作用やコミュニティとの同一化がブランドとの関係性を強化することが示されており，メンバーがブランドとの関係性を強化するメカニズムについて議論するうえでは有益であるが，それぞれが課題を抱えている。相互作用アプローチでは，その質的側面に関する議論やそれを考慮したうえでのブランドとの関係性を強化するメカニズム，相互作用を促す要因が十分に議論されてこなかったし，社会的同一化アプローチではいかなる特徴を有するコミュニティに参加するなかでメンバーはコミュニティと同一化していくのかについてが明らかにされてこなかった。以下では，それぞれの課題を解決するなかで，コミュニティを管理するうえでの成果指標を相互作用とコミュニティとの同一化のどちらにすべきかを検討したい。第Ⅱ部ではまず，相互作用アプローチが抱える課題を解決していきたい。

注

1　ここでいうブランドとの関係性とは，ブランド・リレーションシップと同義である。

2　McAlexander *et al.* (2002) はメンバーではなく顧客（customer）という用語を用いているが，本書ではコミュニティに参加している顧客を対象に議論していることを強調するため，顧客ではなくメンバーという用語を用いる。

3　Google Scholar と CiNii ともに2019年２月８日に検索している。

4　本章では，今回レビューした論文のうち１割以上（５回以上）の論文で取り扱われている概念を抽出することを基準にした。

5　ブランド・コミットメントを特定ブランドへの関与ないしは態度と捉える立場もある（青木 2004; 井上 2011)。しかし，ブランドへの態度についてはブランドへの愛着を示すブランド・アタッチメントという概念を用いて説明することが多い（Park *et al.* 2009; 斎藤 2015)。この点について，詳しくは斎藤（2015）を参照されたい。

6　ブランド・ロイヤルティが心理的側面と行動的側面の両方を有した概念であることを強

調するため，Chaudhuri and Holbrook（2001）やJacoby and Chestnut（1978）のように，態度的ロイヤルティと行動的ロイヤルティという概念を用いて議論する研究者もいる。

7　トラッシュトークと呼ばれる単にそのブランドが嫌いといった理由のみで行われるクチコミも存在する（Hickman and Ward 2007）。その特徴的な動機のため，ライバルブランドの機能が愛顧ブランドの備える機能よりも客観的に優れていることが明らかだとしても，メンバーはライバルブランドを批判するといった行動を取る。これは，ライバルブランドを低く評価することで，愛顧ブランドや当該コミュニティと同一化を果たしている自己を相対的に高く評価しようとする意図が働くためである（Hickman and Ward 2007; Tajfel 1978）。

8　ここでいう企業管理とは，当該ブランドを管理している企業が管理しているという意味であり，掲示板やSM等を運営している企業が管理しているという意味ではない。

第 II 部

相互作用アプローチにおける課題の解決

Summary

第Ⅱ部では，相互作用アプローチが抱える課題を解決していきたい。まず，第4章では，電子書籍専用端末のkoboのコミュニティでの分析結果を報告している。koboのコミュニティでは，当該ブランドに関する話題のみならず，ライバルブランドについての話題や電子書籍全般に関する話題が多く見られた。さらに，当該ブランドについての話題といっても，必ずしも肯定的なことばかりが話されているわけではないことが明らかになる。そして，メンバーは多様な相互作用を行っていくなかでブランド知識やコミュニティ知識を蓄え，ブランドとの関係性を強化していくことを論じている。

第5章では，スナック菓子のじゃがりこのコミュニティ（じゃがり校）での分析結果について議論する。koboのコミュニティと同じく，じゃがり校での相互作用の大半は当該ブランドとは関係のない雑談であることが示される。メンバーはそういった雑談を通じてお互いについての理解を深め合い，一体感を高めていく。その結果，メンバー同士の関係性を介してブランドとの関係性が強化されていくことが発見される。

第6章では，第4章と第5章での分析結果を受け，相互作用とブランドとの関係性の影響関係を経験的に検証する。具体的には，その頻度の増加はブランドとの関係性を直接的に強化することを意味するのかどうかを確認する。本章での分析により，相互作用の頻度とブランドとの関係性はコミュニティとの同一化という媒介変数を介して結びつけるべきであることが明らかになる。

第7章では，メンバーはいかなる要因の影響を受けてコミュニティへ参加する意欲を高めるのかを議論する。先行研究でもこの点については論じられているが，そこでは実際に参加しているかどうかといった行動的側面に着目することが多く，参加したいと思うかどうかといった心理的側面から考察できていない。そこで本章では自発性という心理的側面を示す概念を用いて分析を行い，自発性はブランドとの関係性とメンバー同士の関係性それぞれから同程度の強さの影響を受けて高まることを確認した。

第4章

kobo コミュニティの考察

1 分析の方法とその特徴

1.1 ネトノグラフィー

本章と，続く第5章では，筆者自らが2つのブランド・コミュニティに長期間参加しながら分析を行った。こういった，研究者自らが特定のコミュニティや文化に入り込み，外部ではなく内部の視点を有しながら主観的にそこでの事象を記述していく研究方法やその成果物をエスノグラフィー[1]という（Belk, Fischer and Kozinets 2013; Kozinets 2010; 坂下 2004; 高橋 2015）。高橋（2015）は，Flick（2007）や Yin（1994）を参考にしながら，エスノグラフィーの主な方法論として，実際のコミュニティに参加しながら，そこで共有されている視点や意味を観察・分析していく参与観察が挙げられると述べる。この参与観察のようなエスノグラフィーをネット・コミュニティを対象に行う手法はネトノグラフィーと呼ばれる（Belk *et al.* 2013; Kozinets 2002, 2010）。こういった手法を採用することにより，実際にコミュニティを構成するメンバーと共感しながら，ユニークな視点からコミュニティを考察することが可能になる（Kozinets 2010; Muniz and Schau 2005）。第4章と第5章での分析では，このネトノグラフィーを採用している。ただし，ネトノグラフィーは客観性にかけるという欠点を有するため，双方のケースでより客観性を持った議論を行うために内容分析も行っている（Riffe, Lacy and Fico 1998）。このように，多様な手法を組み合わせながら各分析手法が有する欠点を補うこと（トライアンギュレーション）により，分析の質を高めることができる（佐藤 2002）。なお，内容分析の特徴や利点については次項でまとめる。また，本書全体ではネトノグラフィーのような定性的手法と統計解析のような定量的手法を組み合わせることによって，発見事項の妥当性を高めている。

ネトノグラフィーの方法論についてまとめたKozinets（2010）によると，その手順は大きく5つの段階に分けられる。第1は，リサーチ・クエスチョンを明確にする段階である。リサーチ・クエスチョンが明確であるからこそどのコミュニティを対象に分析を行うか，どういった視点からコミュニティを考察すべきかを決定することができる。ここでの目的は，相互作用アプローチが抱える課題を解決することであり，それをリサーチ・クエスチョンに落とし込むと以下の3つになろう。ただし，第3のリサーチ・クエスチョンについては，コミュニティの循環モデルにおいて境界線の重要性をすでに指摘したり，それを促す要因についても論じている。それゆえ，探索的なネトノグラフィーではなく，追加的なレビューや定量調査によって解決していくこととする（第8章）。

⑴ ブランド・コミュニティにおけるメンバー間の相互作用の質（話題と方向性）はどういったものか
⑵ メンバーは相互作用を通じてどういったメカニズムによって当該ブランドとの関係性を強化しているのか
⑶ メンバーはいかなる要因の影響を受けて相互作用を行う意欲を高めるのか

第2は，参加コミュニティを決定する段階である。本書では，株式会社楽天市場（以下，楽天）の電子書籍専用端末である「kobo」のコミュニティと，カルビー株式会社（以下，カルビー）のスナック菓子の「じゃがりこ」のコミュニティを対象に分析を行った。これらのコミュニティを選択した理由は大きく２つある。１つ目は，２つのコミュニティは，Kozinets（2002, 2010）によって提案されたネトノグラフィーの対象とすべきコミュニティの基準に当てはまる。その基準とは，⑴リサーチ・クエスチョンとの関連性があること，⑵活発なコミュニケーションが行われていること，⑶一方的なコミュニケーションばかりではなく双方向的なコミュニケーションが行われていること，⑷意味のある発言が見られること，⑸異質な文化的背景を有するメンバーが参加していること，⑹データが豊富であること，である。もう１つは，それぞれのコミュニティは，その管理に企業が関わっているかどうかで区別することができるためである。前者のコミュニティは２ちゃんねる（現５ちゃんねる）上に存在し，その管理に楽天は一切関わっていないが，後者のコミュニティはカルビーのホームページ上で管理されている。これによって，De Almeida *et al.*（2007）で指摘されているように，コミュニティの管理主体が誰かによってコミュニティ内での相互作用に差が出るかどうかを確認しながら，リサーチ・クエスチョンに取り組むことができよう。各コミュニティを選択したより細かな理由については，後述したい。

第３は，実際にコミュニティへ参加し，データを収集する段階である。ここで注意すべきは，どの程度コミュニティでの相互作用に関わっていくかという点である。この点については２つの考え方がある。⑴積極的にコミュニティに参加して，内部にどっぷりと浸かることでその文化を理解し，メンバーの視点を手に入れることができるという考えと，⑵ネット上では研究者が名乗り出たりしない限り調査対象者からその存在を知られることがないため，彼／彼女らのより自然な活動を観察するためにも他のメンバーとの直接的な相互作用は極力避けるべきであるという考えである。本書では，相互作用の質的な側面に注目していることもあり，筆者が相互作用に関わることでその質にも影響してしまうと判断したため，過度な相互作用への関与は避けることとした。ただし，コミュニティの文化や内部への理解を深めるためには最低限の相互作用は必要である。それゆえ，完全な傍観者という立場も取っていない。このように，リサーチ・クエスチョンに留意しながらコミュニティに参加し，データを収集していく必要がある（Belk *et al.* 2013）。

コミュニティへの参加期間については絶対的な基準があるわけではない。しかし，多くの研究で13カ月という期間が推奨されている（Belk *et al.* 2013）。本章で行ったkoboのコミュニティでは２年以上，次章で行うじゃがりこのコミュニティには３年以上参加しているため，この点については問題ないと判断する。

第４は，収集したデータを分析する段階である。この段階でよく用いられるのが集めたデータをコーディングしながら分析していく手法である。コーディングとは，特定の概念に基づいてデータを分類していく（あるいは新しい概念を導出する）ことで，そこで分類したデータの関連性を検討していくなかでリサーチ・クエスチョンに答えていくことがこの段階では求められる。なお，データの分析と収集は完璧に区別するのではなく，それぞれを同時並行的に行うことが望ましい（Belk *et al.* 2013）。データの分析段階で新たなリサーチ・クエスチョンが思い浮かぶこともあれば，解釈のために他のデータが必要になるということもあるためである。

第５は，発見事項をまとめ，発表する段階である。これは，学会や論文，書籍として外部に研究成果を発表することを意味する。以上，ネトノグラフィーの主な流れについて論じてきたが，本書でも概ねこの流れに沿いながら分析を行っている。

1.2　内容分析

本章と，続く第５章では，ネトノグラフィーに加え，内容分析も行っている。これにより，ネトノグラフィーの欠点である客観的な側面の欠如を補う。内容分析はコミュニケーションの記述やコミュニケーションの持つ意味の推論，メッセージの発信者と受信者が置かれている背景の推察を目的とする手法である。その手法はコミュニケーション・メッセージそのものに注目し，体系的かつ再現可能な形で分析する点に特徴がある（Kassarjian 1977；Riffe *et al.*

1998)。さらに，理論の当てはまりを確認することに適しているため（Kolbe and Melissa 1991)，これまでのレビューに基づいてブランド・コミュニティ内で交わされているメンバー間のコミュニケーションを分析するうえで適した手段だと考えられる。

研究手法としての内容分析には４つの利点がある（Riffe *et al.* 1998)。第１は，メッセージの発信者に分析者の存在が気づかれず，より自然な行動を観察できる。第２は，分析するメッセージは長期的に蓄積・保存されているために分析が容易である。第３は，定性的なメッセージをコーディング作業によって定量的に扱うことで客観性を高めることが可能になる。それゆえ，ネトノグラフィーと組み合わせることによって解釈の妥当性を高められる。第４は，人間の行う社会的活動を研究することに適している。それは，相互作用の大半を占めるコミュニケーションを扱うためである。

内容分析の手順を簡潔にまとめると３段階に分けられる（Adjei *et al.* 2010;Kolbe and Melissa 1991)。第１は，調査対象を決定し，データを収集する段階である。第２は，コーディングの基となるコーディングシートを作成し，それに基づきコーディングを行う段階である。コーディングの精度を高めるため，複数人のコーダーが独立してコーディングを行ったり，事前にコーディングの練習をすることが求められる。最後は，コーディング結果を解釈し，発見事項をまとめる段階である。内容分析においてもこの流れに沿いながら分析を行っている。

1.3　調査対象選定の理由と分析手順

本章では，日本最大の掲示板である２ちゃんねる内の電子書籍板に存在するkobo[2]のコミュニティ（スレッド）を対象にネトノグラフィーと内容分析を行う。内容分析については，３つのスレッド「【楽天】Kobo Touch 14冊目【7,980円】」，「【楽天】Kobo Touch 15冊目【7,980円】」，「【楽天】Kobo Touch 16冊目【7,980円】」を対象にした。複数のスレッドにまたがった理由は，２ちゃんねるでは１つのスレッドに対し，1,000を超える書き込みができないためである。

電子書籍専用端末のコミュニティを選択した理由は２点ある。第１は，電子書籍専用端末はモバイル端末であり公の場での使用が想定され，コミュニティが生成されやすいためである（Muniz and O'Guinn 2001）。第２は，市場の寡占化が進んでいないためである。分析当時の日本の電子書籍市場は生成期・成長期にあたる市場であり，参入企業が多く，特定の企業による市場の独占は起きていない。したがって，愛顧ブランドの情報のみならずライバルブランドの話題がコミュニティ内で交わされていることが予想され，分析結果から得られる知見も発言の多様性を反映したより豊かなものになることが期待される。

２ちゃんねる上のコミュニティを対象とした理由は，データの入手可能性を考慮した結果であるとともに，コミュニティの説明文に「楽天が販売する電子ペーパーの電子書籍リーダー，Kobo Touch について語るスレ（筆者注；スレッド）」という文言が記載されており，本コミュニティが当該ブランドを中心にメンバーが集まっていることが明らかなためである。なお，掲示板はブランド・コミュニティのメンバーが相互作用を行ううえでも主要な場であり，研究対象とされていることが多い点を指摘しておく（Adjei *et al.* 2010; Muniz and Hamer 2001; Park and Cho 2012）。

もちろん，本コミュニティは Kozinets（2002, 2010）が挙げるネトノグラフィーを行ううえでの６つの条件にも当てはまっており，その管理が消費者に委ねられていることも理由として挙げられる。

分析のため，筆者は kobo を購入し，コミュニティ発足当初（2012年４月）から2014年９月に至るまで２年以上継続してコミュニティに参加していた。これにより，kobo ユーザーにとってのコミュニティの役割や，メンバー間でやりとりされる情報が正しいものかどうかを判断することが可能となる。また，筆者自身が電子書籍に関心があり，２ちゃんねるの継続的な利用経験があったことも，ネトノグラフィーを行ううえでは重要である（Habibi *et al.* 2014）。なぜなら，電子書籍に関する知識があるとともに，２ちゃんねる独自の文化を理解しているためである。

内容分析の調査対象期間はkoboが発売してから１週間後である2012年７月25日から27日の３日間に設定し，計1,621個の発言を分析した。日本語と英語という言語の違いこそあるが，同じようにコーディングを行ったAdjei *et al.*（2010）が扱った発言数が636個であることを考えるとこの発言数は十分である。調査期間を発売してすぐに設定した理由は，この時期にコミュニティが形成されたこともあり，メンバーは新たにコミュニティに参加することになるため，コミュニティに参加することでの影響をより顕著に考察できると考えたためである。今回分析を行うデータの総数は69,642文字である。コーディングは２人以上で行うことによって分析の客観性を高めることができるため（Adjei *et al.* 2010；Kolbe and Melissa 1991；Kozinets 2002），マーケティング分野の研究者にコーダーとして協力してもらい筆者と２人で行った。その手順は以下のとおりである。

まず，前章で提示したブランド・コミュニティの概念モデル（**図３-２**）を参考にコーディングの基準となるコーディングシートを作成した。次に，コーディングの練習として100個の発言をコーディングシートに基づきコーディングし，コーダー間での一致率（信頼性）を確認した。不一致であった発言はコーダー間で議論し，コーディングの基準を修正した。その後，再度コーディングを行い信頼性を向上させる作業を繰り返し，信頼性が満足する水準に達するまで複数回行った。信頼性が満足する水準に達した所で，修正した基準に従い1,621個の発言をコーディングした。この結果，最初のコーディングでの信頼性は65％だったが，最終的には75％まで向上した。最終的に不一致だったコメントはすべて精査し，合意したうえでコーディングを行った。コーディング結果は**表４-２**のとおりである。

2　電子書籍市場の整理

2.1　電子書籍専用端末とストア

分析結果について議論する前に，電子書籍市場に関して簡単に整理する。電子書籍を読むための端末は，画面に液晶ディスプレイを採用している汎用端末とE-ink社の電子ペーパーを採用している専用端末に大別される。汎用端末はタブレットやスマートフォンのように読書以外にも動画や音楽の再生，ネットブラウジングのようなさまざまな用途で利用できる。専用端末は読書のみに特化しており，長時間見ても目が疲れにくい，電池持ちが良いといった利点がある（西田 2010）。本章で取り上げる楽天のkoboはこの電子ペーパーを採用する専用端末である。電子書籍専用端末のなかにも液晶ディスプレイを採用するシャープ株式会社のGALAPAGOSや株式会社東芝のBookPlaceも存在するが，ここでは理解のしやすさを優先し上記のように区別する。

koboは楽天の子会社であるコボ社が開発する端末であり，欧米では2011年5月，日本では約1年後の2012年7月に発売された。調査を開始した期間である2012年7月時点での主要電子書籍専用端末にはkobo，日本では未発売だがアメリカでは大きなシェアを占めるアマゾン社のKindle Touch（以下，Kindle），ソニー株式会社のPRS-T1（以下，Reader）といった3端末がある。

上記の端末を提供する企業は，内容分析の対象期間に日本未展開（2012年当時）であったKindleを除き[3]，それぞれkoboイーブックストア，Reader Storeという電子書籍ストアを展開している。koboイーブックストアの書籍数は2012年7月19日時点で1万8,894冊，Reader Storeは7月20日時点で5万8,694冊であり，両ストアとも十分な書籍数を提供しているわけではなかった（ITmedia eBook USER 2012）[4]。このようなことから，スキャナー等を使って所有する書籍や雑誌をデータに変換する「自炊」と呼ばれる行為が消費者によって行われる場合がある。

2.2 kobo 発売直後に寄せられた消費者の不満

koboの運営会社である楽天の三木谷浩史社長はkoboを日本で発売すると発表した際に３万冊の日本語書籍を用意すると述べた。しかし，発売時の日本語書籍数は２万冊にも満たなかった（楽天 2012)。そのため，koboに期待していた消費者は発売直後に強い不満を持った。

不満はストアのみならず，端末にも向けられていた。日本で2012年７月に発売された端末は欧米で2011年に発売されたものと同じものであるが，搭載しているソフトウエアは異なっている。１バイト言語の英語と異なり，２バイト言語の日本語を表示させる必要があったためである。楽天が開発した日本語対応のkoboのソフトウエアは，発売時には動作が安定しておらず，頻繁にフリーズし，日本語が適切に表示されないといった不具合があった。このため消費者は，koboの端末に対しても強い不満を持っていた。このような環境下で行われたメンバー間のコミュニケーションに注目していることを先に記す。

3 メンバー間の相互作用に関する分析

3.1 相互作用の話題

相互作用の質的側面のうち，まずは話題に注目したい。ここでは，内容分析で用いたデータのなかから，単語の発言回数を集計することで客観的にどのような事柄に関する話題が多く交わされているかを把握する。集計の方法として，本章ではテキストマイニング用のソフトウエアであるKH Coder Ver.２を利用した。ここでは，集計結果から「読む」や「買う」といった動詞を除き，上位20個の名詞を挙げている[5]（**表４-１**）。動詞を除いた理由は，動詞のみではどのような名詞と結びついて用いられているかを判断することができず，解釈の信頼性を低下させる恐れがあると判断したためである。

集計結果を確認することで「kobo」という単語の出現回数が他と比べて極

表4－1 ■ 単語の集計結果

	抽出語	出現回数		抽出語	出現回数
1	kobo	444	11	電子書籍	74
2	楽天	273	12	対応	73
3	問題	123	13	ストア	68
4	本	112	14	ユーザー	64
5	三木谷	90	15	日本	60
6	端末	86	16	ページ	57
7	Kindle	85	17	出版	55
8	日本語	81	18	書籍	54
9	レビュー	78	19	英語	49
10	設定	74	20	不具合	49

めて多いこと，さらに，親会社である「楽天」やその社長の「三木谷」という単語の出現回数も多いことから，ブランド・コミュニティでの会話の多くは愛顧ブランドに関する話題であることがわかる。また,「問題」や「不具合」といった単語の出現回数も多く，koboのブランド・コミュニティではあるものの，肯定的な面のみを語り合うのではなく問題や不満に関しても言及する傾向があることが読み取れる。

このようにkoboに関する話題が多い一方で,「Kindle」という単語も7番目に，表には記載していないが32番目には「Reader」という単語も確認することができる。ブランド・コミュニティ研究では，愛顧ブランドやメンバーに向けられた意識や態度に関しては注目されてきたが，コミュニティの外部に注目する研究は少なかった（Hickman and Ward 2008）。しかし，この結果から明らかなようにコミュニティ内ではライバルブランドに関する話題も多く，それらがメンバーに与える影響を考慮する必要がある。

次に，コミュニティ内での会話の全体像をより正確かつ客観的に摑むため，KH Coderを用いて共起ネットワーク分析を行った（**図4－1**）。ここでは，ノードとなる単語の出現頻度を41回以上（上位50単語）と規定し，動詞も含んだ分析結果を記載する。共起ネットワーク分析とは，分析対象のテキスト内で用

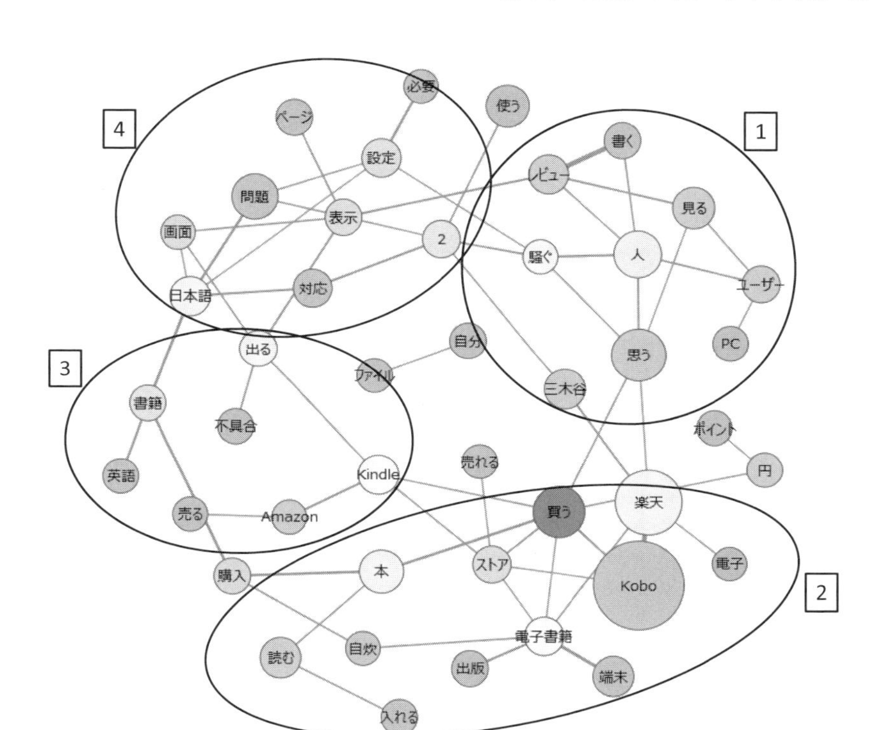

図４－１ ●kobo のコミュニティでの共起ネットワーク

いられた単語と単語の関係性をそれぞれの単語の出現傾向から読み解き，ネットワークで図示化する分析である。ノードの大きさは単語の出現頻度に基づき，ノードがつながっていることは共起頻度が高いことを示す。共起頻度が高いほどノードを結ぶ線が太く描写されている。この分析により，コミュニティ内での相互作用の話題の全体像を客観的に把握することができる。

共起ネットワークを描くことで，コミュニティでの話題は大きく４つに分類できることがわかる。分類に関しては，ノードの共起頻度の高さと筆者が実際にコミュニティに参加した経験から判断している。第１は，「人」「ユーザー」「レビュー」といった単語から，レビューを書いている人やレビューそのものに関しての話題である。たとえば，「レビュー見てるとかわいそうな人多いな（筆者補足；電子ペーパーの特性を理解せずにモノクロの画面をレビューで批判している人に対して）」といった発言が見られた。第2は，「kobo」「楽天」「電子書籍」「自炊」といった単語から，koboを含む電子書籍全般に関しての話である。「自炊はやってなくて，長文のEPUBメルマガを読みたくてkoboに手を出したので個人的には割と満足はしてる」といった発言を確認した。第3は，「Amazon」「Kindle」「出る」といった単語から，アマゾンがKindleを日本で展開することに関しての話である。それを示す発言は，「本の購入はKindleが出たらそっちで買う事にする」である。第4は，「問題」「日本語」「表示」といった単語から，koboが正常に動作しなかったことや日本語ファイルを適切に表示することができなかった問題に関しての話である。たとえば，「日本語ファイル名とテキストファイルの日本語表示だけなんとかなれば」といった発言が行われていた。これら4つの話題は集計結果からも発話の頻度が高いことを読み取れ，コミュニティ内ではkoboを中心に電子書籍やライバルブランドに関する幅広い話題が繰り広げられていることがわかる。

以上，単語の集計や共起ネットワーク分析からコミュニティ内での会話の傾向やその話題が話されている頻度がわかった。結果として，客観的にもブランド・コミュニティでは愛顧ブランドに関する話題だけではなく，幅広い話題が話されていることが明らかになった。さらに，koboの問題点についても言及されていることがわかった。ここでの分析は，コミュニティ内での相互作用の話題について議論するうえでは有益だが，分析がコンテクストから切り離されて行われている点に問題がある。

3.2　コーディング結果

それぞれの発言のコンテクストを含めて議論するため，コーディングの結果を確認したい（**表4-2**）。まず，概念モデルで提示した多くの概念に当てはまる発言を確認することが可能であり，コーディングシートの基となったブランド・コミュニティの概念モデルの妥当性が高いことがうかがえる。さらに発言の多くが，愛顧ブランドに対するクチコミや道徳的責任感だということがわか

表4-2 ■ 内容分析のコーディング結果

概念	定義	合計（比率）
ブランドとの関係性		
心理		
ブランドとの同一化	消費者が自らのアイデンティティとブランドの持つそれとが一致していると考えること（Bagozzi and Dholakia 2006）	0（0.0%）
ブランド・コミットメント	情緒的かつ認知的な認識によって生じるブランドへの行動意図（Kim *et al.* 2008）	24（1.5%）
シャーデンフロイデ	ライバルブランドに何らかの失敗や不幸が起きた際に喜ぶ感情（Hickman and Ward 2007）	0（0.0%）
行動		
クチコミ	消費者間における当該ブランドに関する非公式な情報交換（Liu 2006）	788（48.6%）
ブランド・ロイヤルティ	好ましい製品・サービスを将来にわたって継続的に購買，あるいはひいきし続けること（Chaudhuri and Holbrook 2001）	6（1.0%）
対抗的ブランド・ロイヤルティ	ライバルブランドへの対抗的行動（Hickman and Ward 2007; Muniz and O'Guinn 2001）	15（0.9%）
メンバー同士の関係性		
コミュニティとの同一化	メンバーが自らのアイデンティティとコミュニティの持つそれとが一致していると考え，それに対して愛着のような情緒的な感情を有すること（Algesheimer *et al.* 2005）	73（4.5%）
道徳的責任感	コミュニティやメンバーに対する責任感や義務感（Muniz and O'Guinn 2001）	203（12.5%）
コミュニティ・コミットメント	コミュニティにおける関係性を継続することに対する行動意図（Hur *et al.* 2011）	0（0.0%）
その他	愛顧ブランドや企業と異なる話（雑談）	502（31.0%）
合計		1,621（100%）

る。これらは，コミュニティでの相互作用が愛顧ブランドに関する使い勝手の感想，質問やそれに対する回答が多いことを示し，コミュニティが情報源としての価値が高いことを意味する。

他に多く発見したものとして，雑談を挙げることができる。De Almeida *et al.*（2007）が行った研究では，消費者管理のブランド・コミュニティではブランドに関する話題だけでなく，ブランドから離れた話題が多いことが特徴として挙げられている。本章では消費者管理のブランド・コミュニティを考察することで，ブランドに関する話題だけでなく，雑談も多く行われていることをDe Almeida *et al.*（2007）同様に確認できた。具体的には，単語の単純集計や共起ネットワーク分析で挙げた電子書籍全般の話題である。こういった話題のやりとりを通じてメンバーは愛顧ブランドやカテゴリー全般に関する知識を蓄えることができる。

さらに，kobo発売直後のデータではあるもののコミュニティとの同一化も多く見られた。メンバーはコミュニティ参加の期間が比較的短かったとしてもコミュニティと同一化することが明らかとなった。

その一方で，ライバルブランドに関する否定的なクチコミが少なかったことも特徴として挙げられる。先行研究ではコミュニティ内で交わされるライバルブランドに関する話題は否定的内容であると考えられてきた。しかし，ここでの分析やその後のコミュニティへの参加期間においてもそのような傾向は見られなかった。そのため，ここではライバルブランドの話題は雑談としてコーディングした。

コーディングからは３つの概念，ブランドとの同一化とシャーデンフロイデ，コミュニティ・コミットメントを発見することができなかった。ブランドとの同一化とコミュニティ・コミットメントが確認できなかった理由としては，調査対象期間の問題が挙げられる。ブランドを構築するためには多大な労力と時間を要するが，今回の調査で用いたデータはkobo発売直後のデータであるため，その時点でkoboのブランド・イメージが確立されていなかったことが考えられる。さらに，コミュニティに参加してからの期間が短いため，コミュニティに継続して参加するかどうかが態度として表に出てこなかった可能性がある。メンバーがコミュニティ・コミットメントを抱くようになるには，一定期間コミュニティに参加していることが求められるためである（Kuo and Feng 2013）。

次に，シャーデンフロイデが見られなかった理由は，調査対象期間にライバルブランドに何らかの不幸なことが起きた，ないしは失敗したことがなかったためであろう。これに関しては，koboが正常に動作しなかった時期のReaderやKindleのコミュニティではkoboを嘲笑するコメントが多く見られたことからも理解できる。

ここでの結果は，コミュニティ内での相互作用は愛顧ブランドに関することや雑談が多いことを意味し，話題が多様性に富んでいることを示すには十分であろう。

3.3　相互作用の方向性

相互作用の方向性（肯定・中立・否定）に注目して議論したい。まず，先のコーディングでクチコミに分類された788個の発言を，肯定的な感情が含まれるクチコミ，客観的事実を述べる中立的なクチコミ，否定的な感情を含むクチコミの3つに分類した（**表4－3**）。

この分類結果から，koboのコミュニティでのクチコミの大半は否定的な感情を含んでいることがわかる。それは，ブランド・コミュニティが企業にとって不利な情報源として機能する場合があることを示唆している。koboユー

表4－3■クチコミの分類

	発言例	比率
肯定的	なんだかんだで，ちょいとkoboを直してマーケットのラインナップを揃えれば，マジで読書革命になるという実感はある。	3%
中立的	つーかさ，楽天だとかkoboがどーとかいう話じゃなくて，日本の電子書籍市場自体がまだまだだろ？	33%
否定的	ハッキリいってやろう。koboはゴミ。以上。	64%

ザーがストア・端末ともに不満足であったために否定的情報が多かった可能性もあるが，通常時でもライバルブランドのファンや逸脱者が否定的な発言を行うことは先行研究でも指摘されており（Amine and Sitz 2004;Muniz and O'Guinn 2001），それは例外的に見られる特殊な事例ではない。実際，「kindle厨のネガキャン（筆者補足；ネガティブ・キャンペーン）に，半分は面白がって書き込みしてるだけだろよ」といった主旨の書き込みもいくつか見られ，メンバー自身がコミュニティ内に逸脱者が存在している可能性に気づいていることも明らかになった。

ここで否定的発言を行っているメンバーが逸脱者かどうかは判断できないが，ブランド・コミュニティでの発言が常に愛顧ブランドに対して肯定的という前提は妥当ではないことがわかる。したがって，ブランドとの関係性の強化について考える際，メンバー間における相互作用の頻度といった行動面のみを重要視する相互作用アプローチは不十分ということになる。それが増えることはブランドとの関係性を弱化させることもありうるからである。相互作用の話題や方向性が多様であることを前提にブランド・コミュニティを分析する必要がある。

3.4　ブランドとの関係性を強化するメカニズム

最後に，話題や方向性において多様な相互作用を行っていくなかでメンバーがいかにブランドとの関係性を強化していくのかについて検討したい。ここでは，ブランド研究でも指摘されてきた2つの側面，ブランドとの関係性は合理的側面と情緒的側面から強化されるという議論を軸に考察していきたい。

(A)　合理的側面

ブランド・コミュニティでは，さまざまなブランド知識や当該ブランドが属する商品カテゴリー全般についての知識を蓄えることが可能である。メンバーはそのなかで，当該ブランドが他ブランドよりも優れていることを認識することができれば，ブランドとの関係性を合理的側面から強化していく。

たとえば，koboのコミュニティでは，koboで自炊書籍を読むためにはどのようなフォーマット（EPUB，PDF，JPEG等）で自炊すべきか，より読みやすいフォントを追加する方法，電子書籍を買ううえで役立つクーポン等の情報を知識として蓄えることができた。また，端末の改造方法やユーザーが独自に作成したソフトウエアをkobo上で起動させる方法のように，極めて高度な知識も獲得することができた。メンバーはこういった知識を得ることによって，koboは他のストアよりも本を安く購入できたり，自炊にも適しているなど，KindleやReaderに対する優位性であったりその能力の高さを理解することが可能である。これがブランドとの関係性を合理的側面から強化していくことにつながっていく。

合理的側面からブランドとの関係性を強化するうえで，いかなる要因が重要な役割を果たしているのか。ここでは信頼に注目する。メンバーが，コミュニティに豊富なブランド知識が蓄積されていることを，あるいはメンバーが他のメンバーは十分なブランド知識を有しており，誠実な書き込みをしているだろうと期待することが求められるのである。そういったことを期待しているからこそコミュニティ内で質疑応答が繰り返され，ますます豊富で質の高いブランド知識がコミュニティ内に蓄積されていき，多くのメンバーがそれらから影響を受けるわけである。それが当該ブランドのより深い理解へとつながっていく。他のメンバーの能力や誠実な書き込みを期待することは信頼という概念によって表される（山岸 1998）。コミュニティを信頼しているからこそ，前述のようなkoboの改造方法といった高度な質問やそれに対する回答が行われ，実際にそういった行為を端末が壊れる恐れがあるにもかかわらず実行するのである。

(B)　情緒的側面

本来ブランド知識は情緒的側面においても機能する。当該ブランドへのより好意的なイメージは，それ自体がブランドとの関係性の強化に寄与するためである（Keller 2008）。しかし，筆者が参加している期間ではそういったブランド知識を得ることが困難であった。どちらかといえば合理的な側面についての議論や新商品（新型のkoboの端末），ストアで開催されているキャンペーン，そういった話題がない時期にはおすすめの電子書籍等の雑談が多かった。情緒的側面からの強化において重要だったのは，コミュニティとの同一化であり，それはコミュニティあるいはコミュニティを構成するメンバーについての知識によって促されていることを確認した。本書では，こういった知識をコミュニティ知識と呼ぶ。

たとえば本コミュニティでは，電子書籍専用端末のkoboを汎用端末のタブレットと比較して否定的なレビューを書いている人に対して，「『kindle fireやnexus 7もでますしね』ってE-ink端末検討時の購入候補にそういうのも含めるから駄目なんだよ」といった発言をして，電子書籍について十分な知識を有するコミュニティのメンバーと比較してコミュニティに参加していないkoboユーザーの知識のなさを批判している様子が見られた。内集団と外集団を比較する発言は他にも多く見られ，メンバーはこういった発言を自ら書き込んだり閲覧していくなかで内集団びいきのコミュニティ知識を蓄えていく。それにより，コミュニティがより魅力的に見えるため，コミュニティとの同一化の程度が高まるのである。その結果，自らが所属するコミュニティやその中心に存在するブランドを相対的に高く評価するようになる。ブランドを高く評価することは自らを高く評価することと同じであることに加え，同一化するほど自らと似た他のメンバーが関心のある，あるいは好んでいるブランドはこれまで以上に魅力的に見えてくるためである（Algesheimer *et al.* 2005; Hickman and Ward 2007）。この際，当該ブランドが客観的に優れていることを知る必要は一切ない。なお，先の発言からは，コミュニティに参加するメンバーは他のブランドのユーザーだけではなく同じブランドのユーザーに対しても，否定的な発言を行う傾向があることがわかる。これは，自己概念をより肯定的に保とうとして，そういった知識のないユーザーを厳しく批判し，同じkoboユーザーというグループのなかからそういったメンバーの存在を心理的に切り離すためである。こういったメンバーの心理は黒い羊効果といわれる（Marques, Yzerbyt and Leyends 1988）。

コミュニティとの同一化はメンバーがコミュニティへ参加し，魅力的なコミュニティ知識を蓄えていくことによって高まると考えられる。コミュニティが有する好意的な属性を自らに付与しようとする意識が働くためである。メンバーがコミュニティと同一化する際には，所属コミュニティが客観的に優れているかどうかではなく，メンバー自身が好ましい，あるいは優れていると主観的に判断するかどうかが重要であるという点に注意したい（Tajfel 1978）。そしてその程度が高まることによって，コミュニティの中心に存在するブランドとの一体感が高まり，情緒的な側面からブランドとの関係性を強化していくのである。ゆえに，本書ではコミュニティとの同一化はブランドとの関係性を情緒的な側面から強化すると捉える。もちろんコミュニティによっては，直接魅力的なブランド知識を蓄え，それにより情緒的側面からブランドとの関係性を強化していくこともあろう点には留意したい。

以上のように，メンバーは多様な相互作用を通じてブランド知識やコミュニティ知識を蓄えていくことが可能である。そのなかで，ブランドの優れている点を理解し，合理的な側面から交換的関係を強化していったり，コミュニティとのつながりを強め，情緒的な側面から共同的関係を強化していく。

4 小括：多様な相互作用によるブランドとの関係性の強化

本章では，2ちゃんねる上にある電子書籍専用端末であるkoboのコミュニティに着目し，そこでの分析結果について議論した。本章で特に注目したのがコミュニティ内での相互作用であり，そこでの質，とりわけ話題と方向性に関して分析を行った。

メンバー間における相互作用の話題については，愛顧ブランドのみならずライバルブランドに関する話題や雑談も多く話されていることがわかった。さらに，愛顧ブランドに関するクチコミは，肯定的なものだけではなく中立的・否定的なものも多く見られ，発言の方向性も多様であることを確認することができた。この事実に基づくと，相互作用の頻度が増加するだけでは愛顧ブランドとの関係性の強化につながるとは判断できない。ブランド・コミュニティは企業にとって不利な情報源として機能し，メンバーが相互作用をすればするほど当該ブランドにとって否定的な情報を蓄えていく可能性が存在するためである。

では，メンバーはいかに多様な相互作用を行っていくなかでブランドとの関係性を強化していくのか。本章ではこの点についてブランド研究の知見を踏まえ，ブランドとの関係性を強化する側面を合理的側面と情緒的側面から検討した。そのなかで，メンバーがブランド知識を蓄え，愛顧ブランドがライバルブランドよりも優れている点を理解し，合理的な側面からブランドとの関係性を強化していくことを論じた。さらに，コミュニティ知識を蓄えるなかで，コミュニティとの同一化の程度を高めて情緒的な側面からブランドとの関係性を強化していくことがあることも議論している。

ここでの発見は，多様な相互作用が行われるからといって，それがブランドとの関係性を必ずしも弱化させるわけではないことを示している。むしろ，多様であったとしても，豊富で魅力的なブランド知識やコミュニティ知識をメンバーが得ることができれば，ブランドとの関係性は強化されていくことを意味している。

[付記]

本章は，羽藤雅彦（2015）「ネット・コミュニティにおける発言の多様性：電子書籍専用端末に関する内容分析」，『広告科学』，61，17-28。を基に加筆・修正したものである。

また，本章で行ったコーディングは，川上智子先生（早稲田大学ビジネススクール）にご協力いただいたものである。ここに記してお礼を申し上げたい。ただし，本章における誤謬等はすべて筆者の責に帰するものである。

●注●

1　エスノグラフィーという用語には多様な意味が含まれている。たとえば，佐藤（2006）では３つの意味，(1)フィールドワークの成果をまとめた報告書（モノグラフ），(2)フィールドワークという調査方法あるいはそのプロセス，(3)民族誌学，が含まれていると述べる。Kozinets（2010）でも，(1)エスノグラフィック（民族誌学的）なフィールドワークを行うこと，(2)エスノグラフィックなフィールドワークによって行われた分析結果，という２つの意味があると指摘されている。ただし，現在では特定の対象についてフィールドワークという手法を使って調べた研究やその報告書という２つの意味を合わせて使うことが多い（佐藤 2006）。

2　kobo ブランドを冠する端末はいくつか存在する。たとえば，2012年７月に kobo Touch，2012年11月に kobo Glo，2012年12月に kobo Mini が日本で発売されている。ただし，本書ではそれらの違いには着目しておらず，理解のしやすさを優先するためにもすべて kobo と表記する。なお，引用部分についてはそのままの名称で表記している。

3　Amazon はその後，2012年10月25日に Kindle ストアでの電子書籍の販売を日本で始めた。

4　書籍数はその後順調に増加し，2018年のインプレス総合研究所（2018）の調べによると，Kindle ストアが70万冊以上，kobo イーブックストア（現楽天ブックス）が50万冊以上（日本語書籍）となっている。Reader Store については記載が見られなかった。それに合わせて電子書籍市場も拡大し，2012年度の市場規模は768億円だったが，それから５年後の2017年度には2,556億円まで成長している。

5　集計の際に，固有名詞の表記のズレは筆者が修正した。たとえば，正式名称は「kobo」だが，コミュニティ内では「コボ」や「こぼちゃん」のように表記が異なることが見られたためである。

第5章

「じゃがり校」の考察

1 調査概要

1.1 調査対象と分析手順

本章では，カルビーが自社ホームページ上で管理している「じゃがりこ」のブランド・コミュニティである「それいけ！　じゃがり校（以下，じゃがり校）[1]」を対象に分析を行う。

ここでの考察は，2014年２月14日に行ったカルビー株式会社マーケティング本部じゃがりこ事業部の松井淳氏への１時間30分のインタビューとメールでのやりとり，じゃがり校でのメンバーの発言，じゃがり校に参加しているメンバーのブログでの発言に基づいている。松井氏は2013年度～2014年度の２年間にわたり，じゃがり校をシステム構築やネットパトロール（掲示板等で不適切な発言が行われていないかのチェック）を除くと１人で管理していた。ただし，じゃがり校のコンテンツの１つであるブログは松井氏以外のじゃがりこ事業部の社員が書くこともある。2015年度からは，じゃがりこ事業部の他の社員が担当しており，そのサポートをしている。

インタビューに関しては半構造化インタビューを行い，録音ならびに筆記録として記録している。また，考察の妥当性をより高めるために，筆者は2014年４月から2018年６月に至るまで継続してじゃがり校に参加した。なお，コミュニティで理解できない点や疑問に思った点等は松井氏にメールで確認するようにした。

内容分析については，マーケティングを学ぶ学生2名に協力してもらい，特定の期間に行われた発言のコーディングを行った。ここでは前章でのコーディング，相互作用の大半は当該ブランドに関するクチコミと雑談であるという結果を受けてコーディングシートを作成した。メンバーがコミュニティで交わす話題は大きく3つ，⑴当該ブランド，⑵コミュニティ，⑶雑談に分けられると考えた。本章でコーディングを行ったデータの総数は560個分の発言で，コーディングの手順は前章と同様である。練習として行ったはじめのコーディングでは60%にも満たない一致率であったが，最終的には88%まで向上している。最終的に不一致だったコメントはすべて精査し，合意したうえでコーディングを行った。その結果は**表5-3**にまとめる。

1.2 調査対象選定の理由

じゃがり校をケーススタディの対象として選択した理由は3つある。第1は，Kozinets（2010）がネトノグラフィーを行ううえで提示した6つの条件を満たしているためである。

第2は，企業管理のコミュニティだからである。前章では消費者管理のコミュニティを対象に分析を行った。より多面的にブランド・コミュニティでの相互作用を考察するため，本章では企業管理のコミュニティに着目した。

第3は，消費者の関心・重要度があまり高くない商品，いわゆる低関与商品のブランドを対象としたコミュニティだからである。ブランド・コミュニティを対象とした研究の大半は高関与商品のブランドを対象にしており，低関与商品のブランドを対象とした研究は少ない（e.g. Cova and Pace 2006; Muniz and Hamer 2001）。それゆえ，低関与商品であるじゃがりこのコミュニティに着目する本章から得られる知見は貴重である。

2　「じゃがり校」について

2.1　じゃがり校の概要

じゃがり校はカルビーが2007年に立ち上げた，スナック菓子のじゃがりこを中心にしたネット上のブランド・コミュニティである。じゃがり校は学校をモチーフに作られ，メンバーはじゃがり校の生徒として，授業を受けたり，ホームルーム（掲示板）で他のメンバーと相互作用をすることができる。

じゃがり校は，高いブランド・コミットメントを有する消費者が参加していることを念頭に置き管理されている。そういったメンバーを獲得するために，カルビーは無条件ですべての消費者をじゃがり校に参加させることはしていない。消費者がじゃがり校に入学するためには入学試験を受け，合格しなければならないのである。入学試験の期間は現実の学校がそうであるように，12月上旬から３月上旬までの間で，計７問の質問に答える必要がある。そこでの質問のうち，はじめの６問は誹謗中傷をしないことを約束することであったり，じゃがりこに関するクチコミをリアルの場で行うといったことを「はい」「いいえ」で答える。最後の１問は，じゃがりこへの思いを自由回答で記述する。消費者はこのような入学試験を受け，合格と判断されれば４月からじゃがり校へ通うことができる。毎年3,000人程度が入学するとのことである。入学試験を実施することで，それを受けてでもじゃがり校へ参加したいという高いコミットメントを有する消費者を中心に集めることができ，人気投票のようなどこでもできる企画ではなく，新商品開発を１から行う（味の選定からキャッチコピー，パッケージのデザインまで）といった消費者の能動的な参加が求められる企画を行うことができる。

じゃがり校に入学すると初めは１年生として過ごし，年度が変わるごとに進級し，３年間をじゃがり校で過ごした後に卒業することになる。したがって，毎年新しいメンバーが入ってくると同時に，多くのメンバーが卒業する。これにより，コミュニティ内で活動するメンバーが固定化することがないため，新規メンバーが気軽に参加できる。なお，OBとしてじゃがり校に残りたいメンバーは在籍し続けることも可能である。筆者は2014年度に入学したため，第８期生である。

じゃがり校には約9,000人の生徒が在籍しているため，カルビーが全生徒を一括して管理することが困難である。そこで，生徒を居住地に基づいていくつかのクラスに分類し，そのクラスを生徒の代表１名が主に管理するという仕組みを築いている。たとえば，北海道であればＡ組，東北であればＢ組といったように分けられ，ＡからＨまでの８クラスが存在しており，それぞれ主に活動する掲示板が異なっている。各クラスの代表は役員と呼ばれ，毎年３月に新２年生と新３年生のなかから希望者が立候補し，そのなかでクラス投票が行われて各クラスに１人ずつ選出される。役員の仕事は，企業側が発信した情報をクラスメンバーに周知させることや，クラスでの揉め事等の対処といったことである[2]。その活動に対する報酬は１年間でじゃがりこ１ダースであるにもかかわらず，彼／彼女らはコミュニティをより良い場へと育てることに熱心に協力している。その動機はじゃがりこへの高いコミットメントを有しているからだと松井氏は語っていた。一部のメンバーを優遇することでメンバー間で差が生まれてしまうという指摘もあるが（森田 2003），じゃがり校では民主主義的に代表を選ぶことによって，企業から選ばれた特別なメンバーという意識を減らすことに成功している。なお，筆者はじゃがり校ではＦ組（近畿）に属するため，掲示板での発言は主にＦ組での発言から引用している。松井氏のようなじゃがりこ事業部の社員は先生役として参加している。

じゃがり校を管理していくうえでの目標は大きく２つある。第１は，じゃがりこをこれまで以上に好きになってもらい，再購買を促すとともにクチコミをしてもらうということである。メンバーのじゃがりこへのコミットメントをさらに高め，ロイヤルティやクチコミにつなげることが第１の目標というわけである。第２は，商品開発を目的としたマーケティングツールとして用いることである。そのため，じゃがりこの味に関するアンケートを行ったり，年に１度コミュニティで新商品を開発するといった取り組みをしている。

2.2 じゃがり校での活動

メンバーがじゃがり校で行う活動について簡単に確認したい。じゃがり校にはいくつかのコンテンツがある。それは国語や英語，ホームルーム，購買部といった学校に関連するものの名称で扱われている（図5－1，表5－1）。

（出所）カルビー株式会社提供。

図5－1 ● じゃがり校（2014年当時）のホームページ

表5－1 ■ じゃがり校の授業内容

名称	説明
国語	毎月決まったテーマでじゃがりこに関連した川柳を応募する場
英語	じゃがりこに関連した英会話を学ぶ場
理科	じゃがりこのキャラクターであるきりんの生態を検証していく場
社会	じゃがりこの製造過程や歴史について学ぶことができる場
数学	計算問題で遊べる場
道徳	普段の生活で行った「良いこと」を投稿する場
カフェテリこ	じゃがりこについての味やCM等についてのアンケートに回答する場
ホームルーム	じゃがりこや，それ以外の事柄に関する掲示板として利用されている場
購買部	貯めたカルビーポイントを使ってじゃがり校限定グッズと交換できる場
朝礼	じゃがりこ事業部社員のブログとして利用されている場

（出所）じゃがり校の説明（授業内容について）を参考に筆者作成。

ホームルームはじゃがりこに関する事柄を含め，誹謗中傷や出会いに関する規制事項を除けば何でも自由に話し合える掲示板である。規制事項が書き込まれれば，その発言は削除される。コミュニティ内で最も人気のあるコンテンツがホームルームであり，メンバーが自由に相互作用を行っている。ホームルームで荒らしのような行為をしたメンバーに対してはカルビーから注意を行い，態度や行動が改善されないようであれば退学処分，すなわちコミュニティから追放することもある。

朝礼はじゃがりこ事業部のブログであり，投稿ごとにメンバーからコメントが100件程度付くことも多い。社会や英語，国語，理科，数学，道徳などでは，それらの科目とじゃがりこを関連させた内容のコンテンツを提供している。たとえば，社会では工場見学のようなことがネット上で行える。

他にも，カフェテりこでは，アンケートを行いじゃがりこの味やパッケージ，CM 等の評価をしてもらうといったことをしているし，購買部では，カルビーポイントを使って，じゃがり校でしか手に入らないじゃがりこのグッズを購入することができる。カルビーポイントは授業への出席，ホームルームでの書き込み，アンケートへの回答といった活動をコミュニティで行うことによって貯めることができるため，メンバーは実質無料でグッズを手に入れることができる。

学校であるためにつうしんぼや出席簿も存在する。１年間休まずに平日の間出席したメンバーは皆勤賞，土日含め出席したメンバーは超皆勤賞をもらうことができ，メダルや景品が送られる（筆者は2015年度と2016年度超皆勤賞）。他にも，夏休みの期間には宿題を出したり，秋には文化祭を行うなどさまざまな企画を行うことでメンバーの積極的な参加を促す飽きさせないコミュニティ作りをしている。

3　メンバー間の相互作用に関する分析

3.1　相互作用の多様性

じゃがり校で行われている相互作用の話題に着目してみたい。じゃがり校内では，ホームルームでメンバー同士の相互作用が行われる。その他の場では授業を受けたりブログにコメントを書き込むなど，企業あるいはブランドとの相互作用が主である[3]。ホームルーム内には大きく５つのテーマの掲示板，「☆新商品開発プロジェクト☆」「クラスで集合！」「休み時間♪」「じゃがり校　教職員＆生徒会役員室」「１年生 入学おめでとう！」がある。「☆新商品開発プロジェクト☆」では新商品の開発について，「クラスで集合！」では各クラスに分かれて自由に相互作用を行っている。これら２つの掲示板についてはさらに８クラス分のスレッドが用意されている。「休み時間♪」ではクラスに関係なく，メンバーが議論したい話題についてのスレッドを自由に建てることができる。たとえば，しりとりやテレビドラマ，アニメ，キティちゃん，ブルーインパルスなどそのテーマは多様性に富んでいる。「じゃがり校　教職員＆生徒会役員室」は各クラスの代表である役員と教員（企業）が中心となりじゃがり校の改善のためにアイデアや問題点を出し合ったりする場である。たとえば，掲示板内に不適切な書き込みが行われた際などに使われたりしている。「１年生 入学おめでとう！」は，新入生が自己紹介をする場として活用されている。それゆえ，４月は書き込みが多いが，それ以降は書き込まれることはほぼない。

５つのテーマのうち，メンバーが主に書き込みを行うのはクラスの掲示板である「クラスで集合！」と「休み時間♪」である。カルビーは，これらの場での相互作用の話題について，じゃがりこに限るといった制限をしておらず，メンバーの自由意思に任せている。この結果，それぞれの掲示板では多様な話題が話されている。実際にＦ組での2014年４月の書き込み（560個分）を確認してみたい。４月の書き込みを取り上げたのは，この時期が最もじゃがり校での

表5-2 ■ 単語の集計結果

	抽出語	出現回数		抽出語	出現回数
1	桜	144	11	大阪	65
2	じゃがり校	126	12	花見	64
3	皆さん	122	13	入学	63
4	皆勤賞	109	14	先生	62
5	姉さん	99	15	新入生	54
6	じゃがりこ	93	16	京都	54
7	クラス	92	17	クリーム	52
8	抹茶	79	18	月	52
9	役員	67	19	お知らせ	51
10	仕事	65	20	商品	50

相互作用が活発であるという松井氏の発言があったためである。まず，内容分析で用いたデータをテキストマイニング用のソフトウエアであるKH Coder Ver.2を利用して分析した。ここでは，単語の出現回数を集計することでどのような事柄に関する相互作用がコミュニティ内では多く行われているかを客観的に把握する。分析においては，集計結果から「食べる」や「買う」といった動詞を除く上位20個の名詞を挙げる（**表5-2**）。動詞を除いた理由は，動詞のみではどのような名詞と結びついて用いられているかを判断することができず，解釈の信頼性を低下させる恐れがあると判断したためである。なお，集計の際に固有名詞の表記のズレや間違いは筆者が修正した。

この結果からは，「じゃがり校」や「じゃがりこ」といった単語の発現回数が多いことがわかる。しかし，それらについては1度の発言のなかで複数回述べられていることが多い点を指摘しておきたい。たとえば，役員からのお知らせで，1度に「じゃがりこ」という単語が5回述べられている。こういった発言の結果，その回数が多くなっているのである。それ以外の単語については，「桜」のように季節的（春）な話題や「姉さん」といった役員の愛称など，その幅が極めて広いことがわかる。

表5－3 ■ F組での発言（560個）のコーディング結果

話題	雑談	✓	✓	✓				✓	493
	じゃがり校		✓		✓	✓		✓	49
	じゃがりこ			✓		✓	✓	✓	108
発言数		448	37	26	41	0	4	4	

次に，コーディング結果を確認すると，メンバーの発言は**表5－3**のように分類できる。ここで「雑談」とはじゃがりこやじゃがり校と無関係の話題，じゃがり校やじゃがりこはそれぞれについての話題のことを示す。2つ以上の話題にチェックが入っている場合，それは1度の発言において複数の話題が書き込まれていることを示す。**表5－3**からも明らかなように，じゃがり校ではじゃがりこそれ自体についての相互作用よりも，雑談のほうが多く議論されていることがわかる。1度に多様な話題が交わされている点については，じゃがり校では1度の発言で複数人とやりとりすることが多く，今回分析した発言の文字数が平均254.1文字／1回と比較的多めであることからも理解できよう。

相互作用の話題の多様性については，松井氏もインタビュー中に何度も強調していた。さらに，じゃがりこというお菓子に関する話題のみで継続的に会話をするにも限界があるとも述べていた。

具体的な雑談の中身であるが，F組は近畿圏のクラスであるため，地元の祭であったり天気に関することなど，地域に関する話題が比較的多いといった特徴がある。こういった傾向は他のクラスでも同様で，そこで行われる相互作用の多くは雑談であり，各クラスで地元の話題が共通して見られる。

以上の分析から，じゃがり校は特定ブランドのコミュニティであるにもかかわらず，そこで行われる相互作用の話題は極めて多様だと指摘できよう。このような点は，De Almeida *et al.*（2007）が指摘した，企業管理型のコミュニティでの相互作用の話題は当該ブランドに関することが多いという知見とは異なる。

じゃがりこに関する話題が少ないからといって，メンバーがじゃがりこを嫌いであったり無関心であるわけではない。たとえば，じゃがり校では当該ブランドへの否定的な話題がほぼないことを指摘することができる。ライバルブランドへの批判は掲示板での禁止事項に挙げ，もしそういった発言が行われた際には当該書き込みを削除すると明記しているが，自社商品への批判は削除対象としてはいないなど，メンバーに自由な発言を推奨しているにもかかわらずである。これは，メンバーがじゃがりこへの批判を控えているというよりも，じゃがりこへの高いコミットメントを有するメンバーが多く参加していることに起因しているだろう。この点については，じゃがりこの新味が発売される度に多くのメンバーが「食べた」や「買った」という当該ブランドへのロイヤルティ（再購買のような行動的側面）を示す報告を掲示板でしていることや，入学試験を受けてでも参加したいと考えるメンバーが集まっていることからも判断できる。

以上，ここでの議論から，企業管理のコミュニティであってもじゃがり校での相互作用の話題は多様性に富んでいることがわかった。そして，じゃがりこと無関係の話をしているからといって，メンバーのじゃがりこへのコミットメントが低いわけではないことも明らかになった。その方向性についても，じゃがりこのクチコミ自体が少ないが，否定的なものは見られないことも発見された。

3.2 ブランドとの関係性を強化するメカニズム

メンバーはコミュニティ内で多様な相互作用を行っていくなかで，さまざまな要因の影響を受けて当該ブランドとの関係性を強化ないしは弱化させていく。ここでは，第2のリサーチ・クエスチョンであるメンバーが当該ブランドとの関係性を強化するメカニズムについて考察を加えたい。前章同様，ブランドとの関係性は合理的側面と情緒的側面から強化されていくという議論を軸に考える。

(A)　合理的側面

メンバーはじゃがり校での相互作用を通じて，当該ブランドの経験価値を高める知識を多く得ることができる。たとえば，抹茶クリーム味のじゃがりこが発売された当初，F組での評判は決して良くなかった。そのようななか，あるメンバーが以下のように，冷蔵庫で冷やしてから食べるという新しい食べ方を提案した。

> 抹茶クリーム冷やして食べたら美味しかったですよ（*^^)v と，思う（^^;）もしよかったら試してみてください
>
> （じゃがり校での発言：pekoe 2014年4月18日）

すると，その後にはその食べ方を実践してみたら美味しかったという，抹茶クリーム味に対して肯定的なクチコミが連続して見られた。以下は，そのうちの1つの書き込みである。

> F組さんでどなたかが「抹茶クリーム味」を冷やして食べたらおいしいって言ってたので試してみました～ちょっと食べ進みがよくなかったのが，冷やして食べると甘さと苦みがいい感じになって食べやすくなりました～これならクセになるかも～（☆ ^0^ ☆）\ いい情報ありがとう /
>
> （じゃがり校での発言：かみしょう2014年4月19日）

他にも，じゃがりこを使ったサラダの作り方等，メンバーがじゃがり校での相互作用を通じて，じゃがりこの消費経験をより魅力的にする知識を得ている様子を確認することができた。こういった経験価値を高めるブランド知識がブランドとの関係性を合理的側面から強化するには大きく寄与すると考えられる。メンバーは，ブランドから得られる価値が高まることによって，これまで以上にブランドに惹かれていくのである。

以上のように，メンバーは，他のメンバーとの相互作用からじゃがりこについての知識を蓄え，ブランドとの関係性を合理的側面から強化している。しかし，そのような知識の取得はじゃがり校では必ずしも多くない。なぜなら，メ

ンバー同士の相互作用の話題が多様性に富んでおり，じゃがりこについてのコミュニケーション自体が少ないためである。また，じゃがりこはライバル商品との優劣が客観的に比較しにくい商品カテゴリーであるため，その優位性をコミュニティを通じて知ることも困難であった。こういった点を考慮すると，メンバーがブランドとの関係性をブランド・コミュニティを通じて強化する際，メンバーが直接的に当該ブランドについての知識を深めていくことも必要だが，その他の要因にも注目すべきだと考えられる。本書では，ブランド知識の蓄積と同様にあるいはそれ以上にコミュニティや他のメンバーについて理解していくことが重要だと推察する。コミュニティをより深く理解するなかで，当該ブランドをより好むようになるのである。

(B) 情緒的側面

じゃがり校で行われている相互作用の大半は雑談であり，じゃがりこに関する話題のほうがむしろ少ない。しかし，メンバーはそういった雑談を通じてコミュニティ知識を蓄え，お互いについての理解を深め，人間関係を構築していくことができる。本章では，メンバーがそういった知識を得るなかで当該ブランドと情緒的に結ばれていくことを確認することができた。

メンバーは，コミュニティで多様な相互作用を行っていくなかでコミュニティに対して強い仲間意識や一体感を抱くようになる。相互作用を繰り返すことによって，お互いについての理解を深め合い，コミュニティに対する思い入れが強くなっていくためである（Goodwin 1996）。それゆえ，継続的に参加している２年生や３年生，OB ほどコミュニティや他のメンバーに対する強い思いを抱いている。次の発言は，超皆勤賞を取るほど積極的に参加している３年生が自身のブログで行っていたコメントである。

（筆者補足；２年生で超皆勤賞を取ったことに対して）

> 最近，以前ほど熱心には通っていませんが，大切なお友達の集まるスレッドにだけは，毎日書き込みをしています。
> なので，みんなのおかげでいただいた賞ということになりますね。
> 仲良くしてくれているお友達には，感謝しています。
>
> （ひろよん★日記，2009）

（筆者補足；超皆勤賞を取り，３年生に進級したことに対して）

> あと残りの一年もちゃんと登校しなくっちゃ（笑）
> 不登校になっちゃったお友達…
> みんな帰ってきてくれないかなぁ…
> 一緒に卒業したいんだよ…
>
> （うぉんばっとおとうのひとりごと，2009）

どちらの投稿も，「みんな」という表現を使ったりしながらコミュニティのメンバーとの強い仲間意識や一体感を示していることがわかる。メンバーがこういった一体感を抱くようになると，コミュニティが自らのアイデンティティ形成において重要な役割を果たすようになり，コミュニティをより好ましく思うようになると同時に，その中心に存在するじゃがりこをこれまで以上に好ましく思うようになる。強い仲間意識を感じるほどのメンバーが好きなブランドはこれまで以上に魅力的に見える（Ferguson and Kelly 1964）と同時に，自らが当該ブランドを好きであることの正当性を再認識できるためである。ここで，メンバーがコミュニティや他のメンバーとの間に強い一体感を覚え，情緒的に結ばれていくことはコミュニティとの同一化を意味する。先行研究や前章のkoboコミュニティの考察においてもコミュニティとの同一化がブランドとの関係性に強く影響する点については指摘しているが（e.g. Algesherimer *et al.* 2005；McAlexander *et al.* 2002），じゃがり校でもそういった意識変化が見られることを確認することができた。

コミュニティとの同一化の対象にはその中心に存在するブランドも含まれているため，当該ブランドへの思いも強くなり，共同的関係が強化されていくのである。繰り返しになるが，コミュニティとの同一化が高まり，ブランドとの関係性が強化されていく過程においては当該ブランドが客観的に優れているかどうかは重要ではない。メンバーが主観的に優れていると判断する，ないしは好きや好ましいという情緒的側面こそが重要なのである。

4 小括：雑談によって強化されるブランドとの関係性

本章ではブランド・コミュニティ上での相互作用について考察するため，じゃがり校に着目して探索的な分析を行った。そして，企業によって管理されているブランド・コミュニティであったとしても，そこで行われる相互作用の話題は多様であることを確認した。じゃがりこのコミュニティであるからといって，メンバーはじゃがりこについてのみ話すわけではないのである。それよりもむしろ，普段の日常会話で行うような雑談がその大半を占めていることを発見した。

ブランドとの関係性を強化するメカニズムについては，前章同様に多様な相互作用を行っていくなかでブランド知識やコミュニティ知識を蓄えていくことが重要であることを論じた。さらに，じゃがり校では主に，メンバーが後者のコミュニティ知識を蓄えていくなかで，コミュニティとの同一化の程度を高めながら，ブランドとの関係性を情緒的に強化することが明らかになった。

ここまでの考察，ブランド・リレーションシップ研究のレビューを踏まえ，本書では企業がブランドとの関係性を強化するためには，ブランド知識を蓄えるなかで合理的側面から強化される交換的関係よりも，コミュニティとの同一化を通じて情緒的側面から強化される共同的関係のほうが肝要だと考える。また，コミュニティの外部という点においては，ブランドとの関係性を考えるうえでは必ずしも重要な役割を担っているわけではないことが本章と前章での議論から明らかになった。そのため，以下ではコミュニティの外部，いわゆるライバルブランドに向けられた心理的側面や行動的側面については議論しない。

本章での発見は，じゃがりこのようないわゆる低関与商品のブランドであったとしても，ブランド・コミュニティを通じてブランドとの関係性を強化していくことが可能であることを示している。また，メンバー間の相互作用の大半が雑談であったとしても，そこでメンバー間の関係性を強化していくことができれば，ブランドとの関係性は強化されていくことを意味しよう。

［付記］
本章を執筆するにあたり，カルビー株式会社マーケティング本部じゃがりこ事業部・松井淳氏にご協力いただいた（所属・役職は調査当時）。インタビューやメールでの問い合わせについて，丁寧にご対応いただいた。また，本章で行ったコーディングは，流通科学大学羽藤ゼミ３期生の坂口優美さん，森下紗江さんに協力してもらった。ここに記してお礼を申し上げたい。

●注●

1　「それいけ！　じゃがり校」は2018年４月４日に「あつまれ！　とびだせ！　じゃがり校」にリニューアルされている。本章での議論は「それいけ！　じゃがり校」を主な対象としている。

2　じゃがり校では，こういった仕事を行う役員が極めて重要な役割を果たすため，それをOBが監視するといった仕組みもある。たとえば，OBが企業に対して役員の責務を果たしていない役員についてコメントしていることが見られた。

> まことに言いにくいのですが，苦言を呈しにやってまいりました…。新年度になってから約２ヶ月が経ちHR（筆者補足：掲示板）を眺めていて気が付いた点があります。（中略）このところずっと，D組とE組の役員さんはクラスに顔を出していない状態のようです。（中略）役員として立候補・当選したからには，それなりの自覚と責務を持って引き受けたはずですが，現状を見る限り，責任を果たせている状態とは到底思えません。そこで，ゴジ先生や教職員の方から直接，該当役員に何度か呼びかけをしてもらう等していただき，それでも反応がない場合には，最悪の場合，役員の交代・罷免を念頭に置いた対処をされても致し方ないかなと考えています。
>
> （じゃがり校での発言：ウナズキ2014年５月23日）

このように，OBが役員を監視するとともに役員をサポートすることによって，企業が時間や労力をかけなかったとしてもコミュニティが健全かつ自発的に運営されていく。

3 企業／ブランドとメンバーとのやりとりのこと。たとえば，多くの授業では企業が出した課題に対してメンバーが応じるなど，企業／ブランドとメンバーの直接的なやりとりが主である。また，ブログで企業がメンバーに情報を発信し，それに対してメンバーがコメントするといった企業とメンバーの直接的なコミュニケーションも見られる。なお，ブログでのコメントを活用してメンバー間での相互作用を行うこともないわけではないが，本章ではそういったやりとりについてはその数が少ないこともあり考慮しない。

第6章

相互作用の頻度とブランド・コミットメントの関係

1 仮説の構築：媒介変数としてのコミュニティとの同一化

第4章のkoboコミュニティの考察，第5章のじゃがり校の考察から，メンバー間の相互作用は話題という点においては多様性に富んでいることが明らかになった。方向性についても，消費者管理のコミュニティであれば否定的なものになる可能性があることも示された。この結果に基づくと，メンバーの相互作用の頻度のみに注目することが不十分であることは明らかである。その頻度が増えたからといって，メンバーが必ずしも当該ブランドについて肯定的な知識を蓄えられるわけではないためである，本章では，相互作用の頻度とブランドとの関係性を直接結びつけて議論すべきではないということをより客観的に主張するため，その影響関係を経験的に検証する。こういった定性調査から導出された発見事項は，定量調査によって検証されることでより頑健性の高い理論となる（Eisenhardt 1989）。

ここで，前章までの議論を振り返りながら本章における仮説を構築したい。本章までに検討してきたkoboコミュニティとじゃがり校の考察から，相互作用とりわけその頻度のみに注目するだけではブランド・コミュニティを十分に捉えきれないことが明らかになった。ブランド・コミュニティ内で行われている相互作用の話題は，それが消費者管理のものであるか企業管理のものであるかにかかわらず極めて多様だからである。たとえば，koboのコミュニティ

（消費者管理）ではライバルブランドや電子書籍全般の話題，さらには当該ブランドに否定的な相互作用も多かった。じゃがり校（企業管理）でも，その話題の多くは日常会話のような雑談であることが特徴としていえる。

先行研究では相互作用の頻度が増すことによってブランドとの関係性が強化されることが議論されてきた。しかし，前述の考察から相互作用の頻度とブランドとの関係性は直接結びつけるべきではないことが指摘される。本来，それぞれはメンバーの何かしらの意識変化を介して結びついていると考えるべきである。本章では，その媒介変数として機能するのがブランドとの関係性を情緒的側面から強化するコミュニティとの同一化と考える。

ここで，相互作用の頻度がコミュニティとの同一化を促すメカニズムについて再度検討を加えておきたい。相互作用が行われるほどメンバーがコミュニティと同一化する程度を高めていく理由は，メンバーはコミュニティに参加し，そこで相互作用を行わなければ，コミュニティが重要視している価値であったり，そのコミュニティに特有の儀式や伝統，メンバーの趣味嗜好，パーソナリティ，性別や年齢といったさまざまなコミュニティ知識を得ることができないためである。それは，メンバーが同一化対象としてのコミュニティの魅力を感じられないことを意味する。コミュニティ知識についてはどのような相互作用，たとえばそれが雑談であっても得られる。そして，こういったコミュニティ知識を得ることによって，メンバーはコミュニティを魅力的に感じ，より強い一体感や仲間意識を得ることができ，コミュニティと同一化する程度を高めるようになる（Goodwin 1996；Schouten and McAlexander 1995）。以上のように，相互作用の話題がいかに些細なものであったとしても，何らかのやりとりをするという行為こそがコミュニティとの同一化には重要なのである[1]。その意味で，相互作用の頻度が増えることはコミュニティとの同一化を促すと考えることができよう。コミュニティとの同一化とブランドとの関係性の影響関係についてはすでに何度も論じているためここで改めて詳述することはしない。以上の議論を図示化したものが本章における実証モデルである（**図6-1**）。

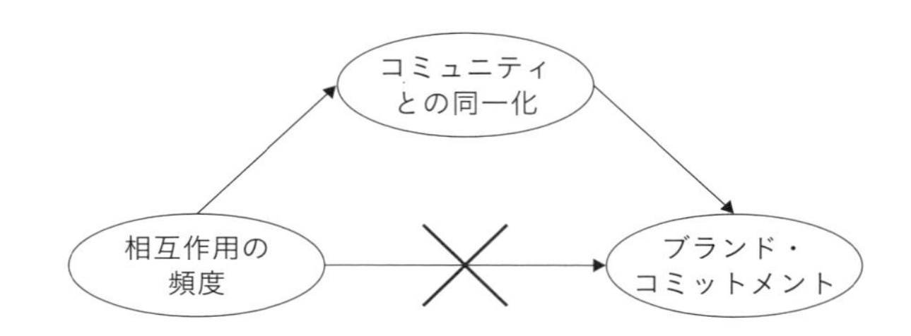

図6-1 ● 相互作用の頻度とブランド・コミットメントの影響関係

ここでの議論から次の仮説を構築できる。なお，ブランドとの関係性を示す代理変数として，本章ではブランド・コミットメントを用いることにする。ブランド・コミットメントが高まれば，ブランド・ロイヤルティやクチコミ意向，コミュニティへの参加意向が高まることは本書のレビュー部分でも指摘しているため，この概念に着目する意義は理解できよう。

> Ｈ１：相互作用の頻度とブランド・コミットメントの間には直接的な影響関係は見られず，コミュニティとの同一化を媒介しての影響関係が見られるのみである

2 調査概要：誰に何を聞いたか

2.1 調査対象

本章で分析したデータは，マーケティング調査会社の株式会社JMRサイエンスに協力してもらい，2013年12月から2014年１月にかけて，日本全国に住む20～60代の男女計600人からネット調査により回答を得たものである。本書はブランド・コミュニティ参加者を念頭に分析するため，スクリーニング項目として特定の製品やサービスのブランド・コミュニティに参加しているかどうかを質問している。そこで，参加していると回答した110人から，すべての項目

表6-1 ■ コミュニティ参加者の要約

	合計			コミュニティ参加人数（%）		
年代	男性	女性	合計	男性	女性	合計
20代	60	60	120	13（21.7%）	14（23.3%）	27（22.5%）
30代	60	60	120	10（16.7%）	15（25.0%）	25（20.8%）
40代	60	60	120	11（18.3%）	8（13.3%）	19（15.8%）
50代	60	60	120	11（18.3%）	10（16.7%）	21（17.5%）
60代	60	60	120	3（5.0%）	7（11.7%）	10（8.3%）
合計	300	300	600	48（16.0%）	54（18.0%）	102（17.0%）

で同じ回答をしている８人を除く，計102人のデータを分析する。回答者の性別や年代は**表6-1**にまとめる。なお，本章では，より幅広い観点からブランド・コミュニティを検討するため，特定のブランド・コミュニティを対象とした調査は行わない。

ここでの結果は，日本におけるブランド・コミュニティの利用状況を示すものであり，これ自体，ブランド・コミュニティ研究に対して一定の貢献をなし得るものである。たとえば，コミュニティ参加者は全体の17.0％ということがわかったことは，企業がブランド・コミュニティを管理することでの成果を予想するための１つの指標として扱えるだろう。次に，性別と年代からコミュニティへの参加人数を検討すると，大きな差があるわけではないが男女問わず若年層ほどコミュニティへの参加傾向が強いことが読み取れる。

メンバーの参加コミュニティの種類について検討する。ブランド・コミュニティ参加者は，Facebook 上のコミュニティ[2]や２ちゃんねる上のスレッド，企業ホームページ上のコミュニティ等どのような種類のコミュニティに参加しているかを確認する[3]（**表6-2**）。ここでの結果からは，参加コミュニティの種類はFacebook や２ちゃんねるに集中していることがわかる。その一方で，企業ホームページ上のコミュニティへの参加者は極めて少ないことが特徴として見られる。

表6-2 ■ 参加コミュニティの種類

参加しているコミュニティの種類（複数回答可）	合計	%
Facebook 上のコミュニティ	60	52.9
2ちゃんねるのスレッド	60	52.9
企業ホームページ上のコミュニティ	4	3.9
Facebook 以外の SNS 上のコミュニティ	4	3.9
その他のコミュニティ	1	1.0

表には記載していないが，Facebook 上のコミュニティのみに参加しているメンバーは43人，2ちゃんねるのみに参加しているメンバーは46人と，回答者の多くが参加しているコミュニティの種類は単一であることはここで指摘しておきたい。なお，仮説検証に用いる測定項目に関しては，回答者が「最もよく閲覧するコミュニティ」を念頭に回答してもらった。

2.2 測定尺度

調査に用いた測定尺度は3項目で，自由回答の1項目を除く2項目では11段階のリッカート尺度によって測定している（**表6-3**）。相互作用の頻度については，1週間に何回程度コミュニティに参加/相互作用をするかを自由回答で質問している。成果変数のブランド・コミットメントはCoulter, Price and Feick（2003）から2項目，媒介変数のコミュニティとの同一化はAlgesheimer *et al.*（2005）から3項目採用している。

なお，本章で採用したブランド・コミットメントとコミュニティとの同一化はすべて英語文献で提示されているものであるため，Douglas and Craig（1983）が推奨するバックトランスレーションを行っている。その方法は次のとおりである。まず，筆者が測定項目をすべて日本語に翻訳した。次に，プロの翻訳者に日本語に翻訳した測定項目をすべて英語に翻訳し直してもらう。そして，英語のネイティブスピーカーに元の英語での測定項目と，翻訳し直した測定項目を比較してもらい，意味やニュアンスに違いがないかを確認してもら

表6-3 ■ 測定尺度

概念名	*M*	*SD*	CR	AVE	因子負荷量
ブランド・コミットメント（BC）	5.28	1.93	.903	.757	
自分にとって一番だと思うため，いつもこの製品（サービス）にこだわる					.892
この製品（サービス）がずっと気に入っている					.873
コミュニティとの同一化（IBC）	5.15	2.00	.876	.704	
コミュニティの他のメンバーと私は同じ目的を共有している					.937
コミュニティの他のメンバーとの交友は私にとって大きな意味がある					.816
このコミュニティの一部に属していることを自覚している					.753

った。修正する必要があると判断した項目は，違いがなくなるまで修正を繰り返した。

3 仮説検証：コミュニティとの同一化が相互作用とブランド・コミットメントを結びつける

3.1 測定尺度の信頼性と妥当性

相互作用の頻度とブランド・コミットメントは直接結びついておらず，それらはコミュニティとの同一化を媒介して結びついていることを統計的に検証するため媒介分析を行う（Baron and Kenny 1986）。それに先立ち，Anderson and Gerbing（1988）が提唱する2ステップ・アプローチに則り，測定尺度の信頼性と妥当性を検証した（**表6-3,6-4**）。まず，分析に用いるデータに偏

表6-4 ■ AVE と因子間の相関係数の平方

	BC	IBC
BC	.757	
IBC	.687	.704

（注）対角成分は AVE，下三角成分は因子間の相関係数の平方である。

りがないかを確認するため，天井効果およびフロア効果の有無を検証した。その結果，すべての項目において基準を満たしていることがわかった。

信頼性に関してはComposite Reliability（CR）から検討した。ブランド・コミットメントとコミュニティとの同一化の双方ともCRが基準となる値の.60は上回っていることを確認することができたため，測定項目の信頼性を確保することができたといえよう（Bagozzi and Yi 1988）。

収束妥当性に関しては，各潜在変数から観測変数への因子負荷量ならびにAverage Variance Extracted（AVE）から判断し，その双方が基準となる値（因子負荷量 >.60, AVE >.50）を上回っていることを確認した（Bagozzi and Yi 1988;Fornell and Larcker 1981;Hair 2013）。これらの結果から，収束妥当性が確認されたと判断することができる。

弁別妥当性については，構成概念のAVEが相関係数の平方より大きいことで確かめた（Hair *et al.* 2013）。ブランド・コミットメント，コミュニティとの同一化のどちらのAVEも相関係数の平方を上回っていることを確認することができたことから，本章で用いた測定尺度は妥当な値を持つと判断できよう。

3.2　分析結果

媒介分析の手順は次のとおりである（Baron and Kenny 1986; **図6-2**）。まず，独立変数Xと従属変数Yの間に直接的な影響関係が見られるかを検証する。次に，Xと媒介変数Mの間に影響関係が見られるかを確認する。最後に，XとY，Mの3変数を用いて分析を行う。この際，先の分析で有意な影響が見られたX→Yが非有意になり，X→MとM→Yが有意であれば

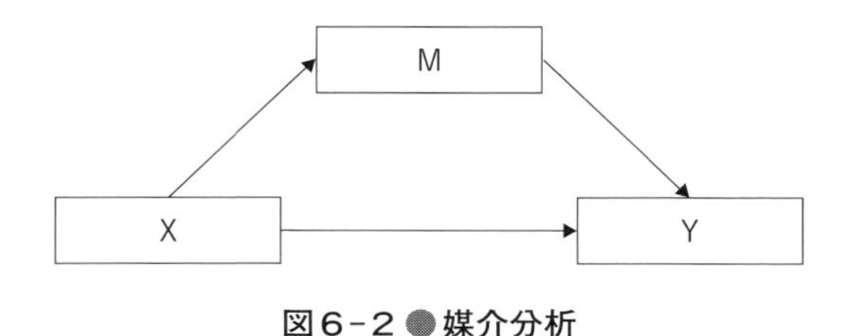

図6-2●媒介分析

媒介効果（完全媒介）が認められると判断できる。ただし，Zhao and Chan (2010) によれば，X→Yが非有意にならず有意のままであっても，X→MとM→Yが有意であれば媒介効果（部分媒介）があることを議論するには十分である。本分析もこの考えに従う。なお，ブランド・コミットメントとコミュニティとの同一化については下位尺度得点を算出し，その値を用いて分析を行っている。

まず，独立変数である相互作用の頻度と従属変数のブランド・コミットメントのみを用いた分析を行った結果，説明力も高く（R^2=.61, p<.01），有意な正の影響を確認することができた（β=.780, p<.01）。次に，相互作用の頻度と媒介変数であるコミュニティとの同一化の影響関係を分析したところ，ここでも説明力が高く（R^2=.68, p<.01）有意な正の影響が見られた（β=.823, p<.01）。最後に，３変数で分析を行うと（相互作用の頻度→ブランド・コミットメント，相互作用の頻度→コミュニティとの同一化，コミュニティとの同一化→ブランド・コミットメント），相互作用の頻度からブランド・コミットメントへの直接的なパスが非有意となった。他方で，相互作用の頻度からコミュニティとの同一化へは（R^2=.67, p<.01；β=.810, p<.01），コミュニティとの同一化からブランド・コミットメントへは（R^2=.72, p<.01；β=.824, p<.01）と双方のパスにおいて有意な正の影響が見られた。この結果から，統計的にも相互作用の頻度とブランド・コミットメントは，コミュニティとの同一化を完全媒介する形で結びついていることが明らかとなった。したがって，H１を支持することができる。以上の分析結果は，相互作用の頻度とブランドとの関係性はコミュニティとの同一化を介して結びついていると考えるべきであることを示すには十分であろう。

4　小括：相互作用アプローチの限界

本章では，前章までの考察を踏まえ，相互作用アプローチで議論されてきた相互作用の頻度とブランドとの関係性の影響関係を経験的に検証してきた。その結果，相互作用の頻度が増えることは直接ブランドとの関係性を強化することを意味せず，コミュニティとの同一化という態度変容を起こし，それによってブランドとの関係性を強化することを明らかにすることができた。いわば，相互作用は間接的にブランドとの関係性の強化に寄与するわけである。このため，企業はただ相互作用を促すことを目的とするのではなく，コミュニティとの同一化を促すようにコミュニティを管理していく必要がある。それゆえ，本書ではコミュニティを管理するうえでの成果指標をコミュニティとの同一化にすべきと考える。

ただし，相互作用が重要ではないわけではない。メンバーがコミュニティと同一化していく過程においては，コミュニティへの参加頻度が重要となる。他のメンバーとの相互作用が増えることによって，同一化対象であるコミュニティの魅力を知ることができるためである。では，メンバーのコミュニティへの参加を促す要因は何なのか。その点に関する議論が次の課題である。

［付記］

本章は，羽藤雅彦（2017）「相互作用の頻度とブランド・コミットメント」，『JSMD レビュー』，1（1），11-17。を基に加筆・修正したものである。

● 注 ●

1　すべての相互作用がコミュニティとの同一化に寄与すると考えているわけではない。いわゆる喧嘩のような，あまりコミュニティとの同一化に寄与しないものも存在しよう。ただし，そういった相互作用は普段から継続して行うものではないため，普段どの程度コミュニティに参加しているかを質問している本章での分析においてはそういった特殊な相互作用は考慮していない。

2　正式には「Facebook ページ」という名称であるが，ここではコミュニティという用語を用いて説明する。

3　2ちゃんねるのような掲示板がブランド・コミュニティとして扱われていることは第4章でも論じたが，Facebook 上に存在するコミュニティが，本書で論じたブランド・コミュニティと同様のものとして捉えられることは Zaglia（2013）が論じている。

第７章

コミュニティへの参加を促す要因

1　仮説の構築：なぜメンバーはコミュニティへ参加するのか

1.1　コミュニティへの参加動機

メンバーは相互作用を行うなかでコミュニティと同一化する程度を高めていく。そしてそれがブランドとの関係性の強化につながることが前章での分析から経験的に確認できた。この結果に基づくと，メンバーをいかにコミュニティへ参加させるかは企業のコミュニティ管理において極めて重要な課題だといえる。そこで本章では，メンバーはいかなる要因の影響を受けてコミュニティへ参加するようになるのかを検討していきたい。

はじめに，先行研究ではどういった議論が行われてきたのかを確認する。第３章でも触れたが，メンバーのコミュニティへの参加，相互作用を行う動機に関する研究では，Tsai *et al.*（2012）が挙げられる。彼らは，コミュニティが持続的に成長するにはメンバーにコミュニティで相互作用をしてもらわなければならないと主張し，相互作用を促す要因を３つのレベル，個人レベル，集団レベル，関係性レベルから検討している。そして，各レベルに対応する概念をいくつか提示して分析を行った。その結果として，外向性や親和欲求といった個人レベルの動機，コミュニティとの同一化や知覚した参加人数の多さといった集団レベルの動機，他のメンバーを信頼できるかどうかといった関係性レベルの動機がメンバー間の相互作用を促す要因として機能することを明らかにしている。彼らは他にもブランドに対する満足度を関係性レベルの動機として提示していたが，それは相互作用に有意な影響を及ぼさなかった。

他にも，Bagozziが行ってきた研究もある（Bagozzi and Dholakia 2002, 2006;Bagozzi *et al.* 2007）。そこではコミュニティとの同一化の重要性が指摘されている[1]。また，Casaló *et al.*（2008）やMathwick *et al.*（2008）では，コミュニティへの信頼の重要性が強調されている。コミュニティのメンバーを信頼できるからこそ継続的にコミュニティに参加するし，そこでの情報から影響を受けるわけである。

ここまでのレビューから，先行研究では相互作用を促す要因をメンバーがコミュニティに対して抱く意識から主に検討していることがわかる。しかし，コミュニティの中心に存在するブランドに向けられた意識が相互作用を促す要因であることを実証している研究も存在する。Algesheimer *et al.*（2005）は，メンバーがブランドとの関係性を強化すると，次に，コミュニティとのつながりを強くし，それがコミュニティへの参加につながることを明らかにしている。ブランド・コミュニティのメンバーは，当該ブランドを好んでいることを考慮すると，ブランドに向けた意識にも着目する必要があるだろう。

なお，第2章で提示したコミュニティの循環モデルでは，相互作用は境界線があることによって行われることを述べている。そして，その境界線は共通の絆の影響を受けて再生産／再認識されることを指摘した。ブランド・コミュニティで共通の絆としての役割を果たすのはメンバー同士の関係性である。

以上のように，その数は多くないが，コミュニティへの参加／相互作用の動機に関する研究はいくつか行われており，そこではさまざまな概念が着目されてきた。本章では，そういった動機を2つに大別する。第1は，集団レベルの動機である。これは，他のメンバーに対して向けられた，コミュニティとの同一化であったり信頼といったメンバー同士の関係性に関する動機のことである。外向性や親和欲求も，他のメンバーと関わりたいという欲求であるため，集団レベルに含まれる。第2は，ブランドレベルの動機であり，ブランドとの関係性のことである。

既存研究は主に集団レベルの動機に着目しており，ブランドレベルについては議論してこなかった。しかし，メンバーが最初にブランド・コミュニティに参加するようになるのは，当該ブランドを好んでいたり興味を持っているからであること，そのような意識が消えていないからこそコミュニティから脱退していないことを考慮すると，ブランドレベルの動機も見逃すべきではない。また，メンバーはコミュニティ内で２つの関係性，ブランドとの関係性とメンバー同士の関係性を構築・維持していることを鑑み，本章では集団レベルとブランドレベルの双方から考察を深めたい。

もう１つ，先行研究における問題を指摘しておきたい。それは，先行研究の多くが実際に参加しているかどうかといった行動のみに着目している点である。行動のみに注目することの危険性については前述のブランド・ロイヤルティの説明においても行ったが，それではメンバーが自ら望んでコミュニティに参加しているのか，それとも嫌々ながら参加しているのかといったことがわからない。それゆえ，心理的な側面からの考察が求められよう。本章では，この点を自発性という概念を用いて検討していく。

ここで自発性とは，自らの意思によってコミュニティへの参加を望むことを意味する（Mathwick *et al.* 2008）。実際に参加しているかどうかといった行動的側面ではなく自発性のような心理的側面に着目することにより，自発的に参加するメンバーの参加動機を把握することができる。企業がコミュニティを活性化させるためには，メンバーに自発的に参加してもらわねばならない。参加を強制するような圧力があれば，メンバーはコミュニティから脱退していくためである（Algesheimer *et al.* 2005）。そして，メンバーがコミュニティで相互作用を行うようになると，その相互作用が他のメンバーの新たな相互作用を誘発するため（池田・柴内 1997; 石井 2002），メンバーの自発性を高めることができれば，コミュニティが自発的に盛り上がるようになる。ゆえに，自発性に着目する意義は大きいといえよう。

1.2 実証モデルと仮説

本章における実証モデルは**図7-1**である。このモデルでは，成果変数である自発性を促す要因を集団レベルとブランドレベルにそれぞれ区別して表記している。集団レベルにはコミュニティとの同一化とコミュニティ・コミットメント，ブランドレベルにはブランドとの同一化とブランド・コミットメントが内包されている。本モデルにより，メンバーが自発性を高めるためには2つの経路，コミュニティ・コミットメントを経由する経路とブランド・コミットメントを経由する経路が存在することがわかる。また，自発性を高めたメンバーは相互作用を行うなかでコミュニティと同一化する程度を高めるといった循環効果も見られるだろう。ただし，本章ではその点には着目していないため，モデルでその影響関係を図示していない。

はじめに，本モデルにおける鍵概念の同一化とコミットメントについてレビューし，次にそれらをまとめながら仮説を構築したい。両概念については第Ⅰ部でも議論しているため，簡単にまとめる程度にしておく。

(A) 同一化

ブランド・コミュニティ研究では，特定の対象が有する属性などを自己に取り込むことを意味する同一化という概念が注目されてきた（Algesheimer *et*

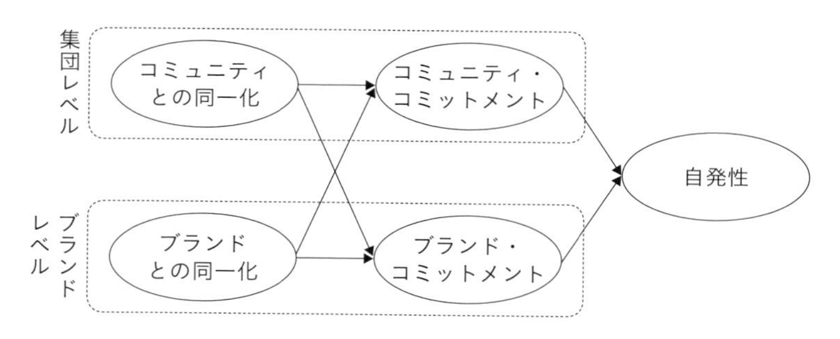

図7-1 ● 自発性を促す過程を示した実証モデル

al. 2005)。消費者は，ブランド・コミュニティを通じてブランドやコミュニティと同一化し，個人的アイデンティティと社会的アイデンティティを強化することができる（Carlson *et al.* 2008)。個人的アイデンティティにまず着目したい。消費者は特定のブランドと同一化することによって，個人的アイデンティティを強化することができる。ブランドが有する属性をあたかも自らが有しているように表現できるためである。一度消費者がブランドと同一化すると，その対象であるブランド（愛顧ブランド）とライバルブランドを区別する意識が芽生え，それぞれの相違点を比較し，愛顧ブランドをライバルブランドよりも高く評価するようになる。それにより，愛顧ブランドと同一化している自らの価値を相対的に高くして，個人的アイデンティティをより強化する（Hogg and Abrams 1988)。この結果として，消費者は同一化対象への愛着をますます高め，結びつきを強化していく。このように，消費者はブランドと同一化することによって，当該ブランドへの愛着を高める傾向がある。ブランドと同一化することによって愛着が高まる対象には当該ブランドのみならず，そのブランドのユーザーやコミュニティも含まれる。当該ブランドの属性には，ユーザーやコミュニティの属性も含まれているためである（Aaker 2014)。

消費者は社会的アイデンティティを強化するためにコミュニティとも同一化する。そして前述と同様のメカニズムで，当該コミュニティやその中心に存在するブランドを高く評価して，それらへの愛着を高めていく。ブランドとの関係性であったり，コミュニティの結束力の強化を目指すブランド・コミュニティ研究では，同一化が有するこういった効果に着目し，この概念を重要視してきた。

(B)　コミットメント

同一化からの影響を受け，メンバーの自発性を高める要因としてコミットメントに着目する。コミットメントとは，関係性を継続させることを望む行動意図のことである。そのため，消費者は特定の対象に向けた高いコミットメントを有することによって，その対象との間に構築・維持している関係性を長期的なものにしていく。また，コミットメントを有した消費者は協力活動への参加，クチコミなどを行う傾向があるため（久保田 2006），メンバーの積極的な参加を促す必要があるブランド・コミュニティではこの概念が重要な役割を果たす。なお，メンバーはブランド・コミュニティでコミュニティとブランドそれぞれに対してコミットメントを有する（Zhou *et al.* 2012）。

(c) 仮　説

本章では，メンバーの自発性を促す要因としてコミュニティやブランドへのコミットメントに着目したい。そして，それらのコミットメントは同一化の影響を強く受けると考える。これらの点については前述のレビューでも触れているため，以下では簡単にまとめる。メンバーはコミュニティと同一化することによって，当該コミュニティをこれまで以上に高く評価し，コミュニティへの愛着を高めてそれとの結びつきを強くする。同時に，ブランド・コミュニティは，特定のブランドを中心に形成されているため，コミュニティと同一化したメンバーはコミュニティのみならず，その中心に存在するブランドへの愛着も高めて結びつきを強くする（Carlson *et al.* 2008；Woisetschläger *et al.* 2008）。この影響関係については前章でも検証したとおりである。その背景には，自らの自己概念を肯定的なものにするといった動機が潜んでいる。

ブランドとの同一化についても同様である。ブランドと同一化したメンバーは，当該ブランドのみならずそれを中心に据えるコミュニティも高く評価し，当該ブランドやコミュニティへの愛着を高めてそれらとの結びつきを強化するようになる（Carlson *et al.* 2008）。繰り返しになるが，それが自己概念を肯定的なものにすることにつながるためである。以上のように，メンバーはコミュニティやブランドと同一化する程度を高めることによって，それぞれとの結びつきを強化し，双方の関係性をより長期継続的なものにすることを望むようになる。ここでの議論から，次の仮説が導き出される。

Ｈ１：コミュニティとの同一化は（a）コミュニティ・コミットメント，（b）ブランド・コミットメントに正の影響を及ぼす

Ｈ２：ブランドとの同一化は（a）コミュニティ・コミットメント，（b）ブランド・コミットメントに正の影響を及ぼす

当該コミュニティやブランドに対する高いコミットメントを有するメンバーは，コミュニティに積極的に参加するようになる。高いコミュニティ・コミットメントを有するメンバーは，他のメンバーを支援したいという意識が強く，他のメンバーとの相互作用に楽しみを感じているためである（Algesheimer *et al.* 2005;Schouten and McAlexander 1995）。

ブランドへのコミットメントが高い消費者は，当該ブランドの最新情報や応用的な利用方法を知りたい，さらには自らと同様に当該ブランドを好む他の消費者と関わりたいと考える（Aaker 2014;Muniz and O'Guinn 2001;Schouten and McAlexander 1995）。ブランド・コミュニティは当該ブランドの情報源や当該ブランドを好むメンバーの相互作用の場としても機能するため，メンバーの当該ブランドへのコミットメントが高まるほどコミュニティに参加するようになると考えられる。これらの議論から，次の仮説が導き出される。

Ｈ３：コミュニティ・コミットメントは自発性に正の影響を及ぼす

Ｈ４：ブランド・コミットメントは自発性に正の影響を及ぼす

メンバーが継続的にコミュニティへ参加するようになるのは，コミュニティへの高いコミットメントを有しているからである。当該ブランドの情報収集はコミュニティへの参加動機の１つではあるが，それだけでは継続的なコミュニティへの参加につながらない。十分な情報を収集して知識を高めたメンバーは情報探索の量が減少していくためである（Moorthy, Ratchford and Talukdar 1997）。メンバーが継続的にコミュニティへ参加するのは，コミュニティで行

う他のメンバーとの相互作用そのものに楽しみを感じるからである。実際，ブランド・コミュニティは特定ブランドのコミュニティであるにもかかわらず，そこで行われる相互作用は当該ブランドと無関係の雑談であることが多い点については前述のとおりである。こういった点を考慮すると，メンバーの自発性は当該ブランドよりもコミュニティへのコミットメントから強い影響を受けると推測される。ここでの議論から，次の仮説が示される。

Ｈ５：コミュニティ・コミットメントはブランド・コミットメントよりも自発性に強い影響を及ぼす

2　測定尺度

本章では，前章と同じ調査対象から収集したデータで再度分析を行う。コミュニティとの同一化は Algesheimer *et al.*（2005）から３項目，ブランドとの同一化は Zhou *et al.*（2012）から４項目，コミュニティ・コミットメントと自発性は Mathwick *et al.*（2008）から３項目ずつ，ブランド・コミットメントは Coulter *et al.*（2003）から３項目採用している。具体的な測定項目に関しては，**表７-１**に掲載している[2]。なお，本章で用いた尺度もすべてバックトランスレーションを行っている。

表7-1 ■測定尺度

	M	*SD*	CR	AVE	因子負荷量
コミュニティとの同一化（IBC）	5.11	2.08	.854	.661	
もしコミュニティで何かを計画した場合，それは「彼ら」が行う計画ではなく，「私たち」が行う計画だと思える					.851
このコミュニティに属していることを自覚している					.819
コミュニティの他のメンバーと私は同じ目的を共有している					.766
ブランドとの同一化（IB）	4.52	2.03	.897	.687	
誰かがこのブランドを非難したら，自分のことを蔑まれたように感じる					.916
このブランドの成功は私の成功と同じである					.826
このブランドについて話す時，「彼ら」ではなく「私たち」という言葉を使う					.819
誰かがこのブランドについて褒めたら，自分を褒めてもらったように感じる					.746
コミュニティ・コミットメント（CC）	5.11	2.00	.890	.730	
このコミュニティの行く末に非常に関心がある					.906
このコミュニティとの関係は無期限に維持したい					.856
このコミュニティとの関係は重要である					.798
ブランド・コミットメント（BC）	5.28	1.78	.895	.740	
私は今，使っているこの製品（サービス）に本当に愛着を持っている					.895
自分にとって一番だと思うため，いつもこの製品（サービス）にこだわっている					.843
この製品（サービス）がずっと気に入っている					.842
自発性（Vol）	4.93	1.87	.817	.598	
コミュニティに貢献できるよう，最新の情報を追い続ける					.784
同じブランドを利用するメンバーが問題を抱えていたら問題解決を手伝う					.771
このブランドの利用経験を高めるよう他のメンバーと喜んで協力する					.764

3 仮説検証：集団／ブランドレベルの動機それぞれが同程度に自発性に影響を及ぼす

3.1 測定尺度の信頼性と妥当性

本章ではパス解析を用いて仮説検証を行う。それに先立ち，Anderson and Gerbing（1978）が提唱する2ステップ・アプローチに則り，測定尺度の信頼性と妥当性を検証した（**表7-2**）。まず，分析に用いるデータに偏りがないかを確認するため，天井効果およびフロア効果の有無を検証した。その結果，すべての項目において基準を満たしていることがわかった。

信頼性に関してはComposite Reliability（CR）から検討した。すべての構成概念でCRが基準となる値の.60を上回っていることを確認することができたため，測定項目の信頼性を確保することができたといえよう（Bagozzi and Yi 1988）。

収束妥当性に関しては，各潜在変数から観測変数への因子負荷量ならびにAverage Variance Extracted（AVE）から判断した（Bagozzi and Yi 1988）。因子負荷量はすべての項目で.70を上回っており，AVEに関してもすべての構成概念において基準となる値の.50を超えていることを確認している（Bagozzi and Yi 1988;Fornell and Larcker 1981）。これらの結果から，収束妥当性が確

表7-2 ■ AVEと因子間の相関係数の平方

	IBC	IB	CC	BC	Vol
IBC	.661				
IB	.477	.687			
CC	.569	.584	.730		
BC	.446	.417	.436	.740	
Vol	.563	.497	.457	.504	.598

（注）対角成分はAVE，下三角成分は因子間の相関係数の平方である。

認されたと判断できる。

弁別妥当性については，構成概念のAVEが相関係数の平方より大きいことで確かめた（Hair *et al.* 2013）。今回最も低いAVEを示したのが自発性の.598である。一方で，最も高い相関係数の平方を示したのがブランドとの同一化とコミュニティ・コミットメントの.584である。この結果は，わずかではあるが自発性が相関係数の平方を上回っていることを示しているため，本章で用いた測定尺度が妥当な値を持つと判断できよう。

3.2 分析結果

H１からH５を検証するにあたって，本章ではそれぞれの概念の下位尺度得点を用いてパス解析を行った。モデルの適合度は，x^2=10.884，d.f.=９，GFI=.971，CFI=.996，NFI=.977，RMSEA=.046とそれぞれの基準とされている値よりも良い値を示したことから（Bagozzi and Yi 1988; Hair *et al.* 2013），本章で想定したモデルとデータが適合していることがわかる。

コミュニティとの同一化からのパスを検討する。コミュニティとの同一化はコミュニティ・コミットメント（β=.870, p<.01）とブランド・コミットメント（β=.461, p<.01）の双方に有意な正の影響を及ぼしている。企業はブランド・コミュニティを管理することによってメンバーとコミュニティの一体感を高めることができたなら，メンバーが有する当該コミュニティやブランドへのコミットメントを高めることができるということが改めて確認された。これらの結果はH１a, bを支持するものである。

ブランドとの同一化からのパスを検討する。まず，ブランドとの同一化からコミュニティ・コミットメントへのパスは有意ではなかった。従来の研究では，メンバーはブランドと同一化することによってコミュニティへのコミットメントを高めることが指摘されてきたが，今回の分析ではそういった影響関係は見られなかった。他方で，ブランドとの同一化はブランド・コミットメントへ有意な正の影響を及ぼしていた（β=.381, p<.01）。これらの結果から，H２aは支持できないが，H２bは支持できる。

表7-3 ■ パス解析の結果

独立変数		従属変数	β
コミュニティとの同一化	→	コミュニティ・コミットメント	.870*
コミュニティとの同一化	→	ブランド・コミットメント	.461*
ブランドとの同一化	→	コミュニティ・コミットメント	*ns*
ブランドとの同一化	→	ブランド・コミットメント	.381*
コミュニティ・コミットメント	→	自発性	.606*
ブランド・コミットメント	→	自発性	.352*

*p<.01

自発性へつながるパスを検討する。まず，コミュニティ・コミットメントは有意な正の影響を及ぼしていた（β=.606, p<.01)。次に，ブランド・コミットメントも有意な正の影響を及ぼしていた（β=.352, p<.01)。以上のことからＨ3,4を支持できる。

最後に，Ｈ5を検証するために，パス係数の差の検定を行った。しかし，コミュニティ・コミットメントから自発性へのパスとブランド・コミットメントから自発性へのパスの間で有意差は見られなかった。このことから，Ｈ5は支持できない。Muniz and O'Guinn（2001）がブランド・コミュニティ概念を提唱した際，メンバーはブランドとの関係性よりもむしろメンバー同士の関係性を重要視していると述べた。しかし，自発性を促す要因に関しては，そのどちらかがより重要だということはなく，双方が同程度に重要だということがわかる。分析結果は**表7-3**にまとめる。

4　小括：メンバーの自発性を高める要因

本章では，企業がブランド・コミュニティを活性化させ，ブランドとの関係性を強化するために重要な自発性を高める要因を考察した。コミュニティに参加しているメンバーは２つの関係性，メンバー同士の関係性（集団レベル）とブランドとの関係性（ブランドレベル）を同時に維持しており，それらを強化していくことによってコミュニティへ参加したいという意思を強めていく。ここでの分析により，メンバー同士の関係性とブランドとの関係性のどちらかがより強く自発性に影響を及ぼすのではなく，そのどちらもが同程度に自発性を高めるということが明らかになった。そして，メンバーは自発性を高め，コミュニティへの参加頻度を増やすことでさらにメンバー同士の関係性やブランドとの関係性を強化していくのである。

先行研究でも，メンバーはいかなる要因の影響を受けてコミュニティへ参加するのかについて検討されている。しかし，その多くが行動的側面から検討し，自発性のような心理的側面から検討したものは少なかった。ここに，本章における発見事項の重要性があろう。

以上，本章までの議論から，メンバーをいかにすればコミュニティに参加させられるか，そしてメンバーはいかにコミュニティに参加するなかでブランドとの関係性を強化するのかを論じることができた。そのなかで，ブランドとの関係性とメンバー同士の関係性は循環的に影響を及ぼし合うことが明らかになった。さらに，相互作用とブランドとの関係性を結びつける鍵となるのが社会的同一化アプローチにおける中核概念のコミュニティとの同一化であることが示された。では，メンバーはコミュニティに参加するなかでどういったコミュニティ知識を得て同一化する程度を高めていくのだろうか。これこそが，社会的同一化アプローチが抱える課題である。そこで最後に，どういった特徴を有するコミュニティにメンバーは惹かれていくのかを考えたい。

［付記］

本章は，羽藤雅彦（2016）「ブランド・コミュニティへの参加を促す要因に関する研究」，『流通研究』，19(1)，25-38を基に加筆・修正したものである。

●注●

1　たとえば，Bagozzi and Dholakia（2006）では，メンバーのコミュニティへ参加したい，他のメンバーと相互作用をしたいという思いが強まることによって当該ブランドの再購買意向がより強くなることが議論されている。この研究でメンバーのコミュニティへの参加に影響を及ぼす要因として注目されたのが，コミュニティとの同一化やコミュニティへの参加に対する肯定／否定的な感情，規範などである。こういった要因の多くはBagozziによる他の研究（e.g. Bagozzi and Dholakia 2002；Bagozzi *et al.* 2007）でも同様に検証されているが，研究によって有意な影響を及ぼしている要因と及ぼしていない要因が異なる。すべての研究で有意な影響を及ぼしたのはコミュニティとの同一化のみであった。

2　コミュニティとの同一化とブランドとの同一化，コミュニティ・コミットメントとブランド・コミットメントは対称的な測定尺度（たとえば，「このコミュニティ（ブランド）の成功は私の成功と同じである」）を用いておらず，それぞれ先行研究で提示されているものを採用している。調査を行う際，調査項目はランダムに配置されていることもあり，こうすることによって回答者の誤読・誤回答を防ぐことにもつながると考えた。

第Ⅲ部

社会的同一化アプローチからのブランド・コミュニティの考察

Summary

第Ⅲ部では，社会的同一化アプローチの課題を解決し，メンバーはいかなるコミュニティに参加するなかでブランドとの関係性を強化するのかを示すモデルの構築・検証を行いたい。第８章ではまず，メンバーが魅力を感じるコミュニティについて，社会関係資本という概念を用いて説明する。社会関係資本とはコミュニティにおけるメンバー同士の関係性を資源と捉える概念であり，コミュニティの魅力向上や，メンバーのコミュニティ参加，コミットメントの向上に寄与することがこれまでの研究で指摘されてきた。この概念をブランド・コミュニティ研究に取り込むことで社会的同一化アプローチの課題を解決することを試みる。

第９章では，社会関係資本がコミュニティとの同一化を高め，ブランドとの関係性を強化する過程を検証する。本章では社会関係資本がコミュニティとの同一化のみならず，メンバーの行動を制限する規範にも影響を及ぼし，それによってブランドとの関係性がどう変化するかを示す。本章での分析により，企業がブランド・コミュニティを管理していくうえでは社会関係資本を蓄積し，メンバーとコミュニティとの同一化の程度を高めることの重要性が示される。

第8章

ブランド・コミュニティにおける社会関係資本

1 魅力を生み出すメンバー同士の関係性

ブランド・コミュニティを捉える視点には，相互作用アプローチと社会的同一化アプローチが存在する。前者のアプローチでは，メンバー間の相互作用は愛顧ブランドに対して肯定的であることが前提とされており，その頻度ばかりが注目されていた。そして，その頻度が増えることはブランドとの関係性を強化することであると論じられてきた。第Ⅱ部では，現実のブランド・コミュニティにおけるメンバー間の相互作用の質（話題と方向性）が多様であることを示した。さらに，相互作用の頻度とブランドとの関係性は直接ではなく，コミュニティとの同一化を介して間接的に結びつけるべきであることを経験的に明らかにした。これは，相互作用アプローチではブランド・コミュニティを十分に捉えきれないことを意味する。

相互作用とブランドとの関係性の媒介変数として機能するコミュニティとの同一化を中核概念に位置付けるのが社会的同一化アプローチである。以下では社会的同一化アプローチを基盤に議論を進めるが，社会的同一化アプローチにも解決すべき課題がある。それは，メンバーがいかなる特徴を有するコミュニティと同一化していく程度を高めていくのかが明らかにされていない点である。社会的同一化理論に関する研究では，メンバーはコミュニティを魅力的なものと感じることによって，同一化する程度を高めることが指摘されている

(Evans and Jarvis 1980;Hogg and Abrams 1988)。それによって，自らをより魅力的に見せられるからである。この点を踏まえると，ブランド・コミュニティのメンバーはどういったコミュニティを魅力的に感じるのかを検討していく必要があろう。

本書では，コミュニティの魅力を生み出すのはコミュニティ内での人間関係，換言するとメンバー同士の関係性であると考える。この点については，koboコミュニティとじゃがり校での考察においても指摘しており，メンバーが魅力的なコミュニティ知識を得ることができればコミュニティとの同一化が促され，メンバー同士の関係性がさらに強化されると考えられる。しかし，先行研究ではその魅力を生み出すメンバー同士の関係性についての議論が十分に行われていない。ゆえに，本章ではこの点に着目し議論を進めたい。

2　社会関係資本とその機能・役割

2.1　社会関係資本とは

コミュニティ内で維持されるメンバー同士の関係性はコミュニティないしは管理する企業にとっては貴重な価値を生み出す資源と捉えることが可能である（Brown and Duguid 2001;Lin 2001; 三隅 2013)。先行研究では，この資源を社会関係資本[1]（social capital）として概念化してきた（Putnam 1993, 2000;Paxton 1999)。佐藤（2003）によると，日本ではsocial capitalという用語は「社会関係資本」「社会資本」「関係資本」「ソーシャル・キャピタル」とさまざまに訳されている（Fukuyama 1995;Putnam 1993, 2000; 稲葉・松本 2002; 山岸 1999)。Social capitalを直訳すると社会資本となるが，この用語は鉄道や道路といった社会インフラを示す用語として定着しているため，本書では「社会関係資本」という用語を用いて議論を進める。

社会関係資本という概念は，政治学や社会学，経済学，経営学のように集団に注目する幅広い学問領域で扱われており，多様な定義が存在する。たとえば，社会関係資本概念を最初に提唱したとされる教育学者のHanifan（1916）は，「不動産・資産・金銭とは無関係であり，人々の生活に欠かさず感じられる資産，すなわち個人や家族によって構成される社会的集団の構成員相互の善意や友情，共感，社交などのことである」（p.130）と社会関係資本を定義している。

Hanifan（1916）による議論からもわかるように，社会関係資本そのものは，1900年代初頭から議論されているが，本格的に研究が行われるようになったのは1980年代以降である。社会学の分野ではBourdieu（1986）が，「多かれ少なかれ制度化された相互認識ないしは承認された持続的ネットワークを保有することと結びついた現実的，または潜在的な資源の集合」（p.251）と定義した。社会関係資本は特定のネットワークを保有することで利用できる資源の集合だというわけである。

社会関係資本概念を一般に広めたとして高く評価されている政治学者のPutnam（1993）は，「調整された諸活動を活発にすることによって社会の効率性を改善できる，信頼，規範，ネットワークといった社会組織の特徴」（p.167; 邦訳 pp.206-207）と具体的な構成要素まで提示して広く定義する。一方，社会ネットワーク研究者のLin（2001）は，「人々が何らかの行為を行うためにアクセスし活用する社会的ネットワークに埋め込まれた資源」（p.19; 邦訳 p.32）と定義し，個人が有するネットワークの重要性を強調する。Putnam（1993）のように社会組織といったマクロ的な視点から社会関係資本を捉えるのではなく，個人といったミクロ的な視点から社会関係資本を捉えていることがわかる。

経営学者のAdler and Kwon（2002）は，「個人や集団で利用できる好意（goodwill）であり，それは行為者の社会的関係の構造内や内容に内在する」（p.23）と定義している。他にも，マーケティング／消費者行動研究者のMathwick *et al.*（2008）は，ネット・コミュニティの価値を高める資源として社会関係資本に注目し，「特定の社会構造内に埋め込まれ，自発性や互酬性，信頼といった関係性の規範によって管理される無形の資源である。この資源は個人・集団レベルで道具的・表出的な便益を生み出す」（p.834）と規定している。

ここまでの定義を概観すると，社会関係資本はそれぞれの研究分野によって異なる定義付けが行われているが，その多くはコミュニティないしはネットワークに埋め込まれている複数の資源，あるいはネットワークそのものを社会関係資本と規定していることがわかる。本書では，ブランド・コミュニティ上の社会関係資本を消費者行動研究者のMathwick *et al.*（2008）を参考に，「特定のコミュニティに埋め込まれている信頼や互酬性といった認知的資源」と定義する。この定義から，ブランド・コミュニティ上の社会関係資本には大きく2つの特徴があることがわかる。第1に，それは複数の認知的資源，より具体的には信頼と互酬性によって構成されている。それゆえ，メンバーがその資源を認知できるか否かが資源の恩恵を受けるには重要となる。第2に，ネットワークは構成要素には含まれていないため，その恩恵を受けるうえでは行為者がコミュニティ内でどういったネットワークを維持しているかは重要ではない。ただし，コミュニティを形成するネットワークの特徴によって資源の蓄積度合いに差が出ることも明らかにされているため，ネットワークの特徴が些末であることを意味するわけではない。

最後に，社会関係資本をブランド・コミュニティ研究に取り込むことの意義について言及しておきたい。社会関係資本はブランド・エクイティと同じように，これまでもブランド・コミュニティ研究で議論されることがあった信頼や互酬性（e.g. Brodie *et al.* 2013；Casaló *et al.* 2008；Hur *et al.* 2011；Park and Cho 2012；Tsai *et al.* 2012）といった概念をより上位の概念で包含しただけとも捉えられる。しかしその意義は，ブランド・エクイティがブランドを企業に価値を生み出す資源と認識させたのと同じように，社会関係資本がメンバー同士の関係性を企業やメンバーに価値を生み出す1つの資源と認識させ，企業はそれを蓄積することを目指してブランド・コミュニティを管理していく必要があることを示す点にある。さらに，信頼や互酬性といった個別の概念のみに着目するのではなく，メンバー同士の関係性をより包括的に検討することの肝要さを明示する点に意義がある。

2.2 社会関係資本を生み出すネットワーク

社会関係資本はコミュニティに埋め込まれているため，その醸成にはコミュニティを形成するネットワークが有する特性が大きく影響する。以下では，どのような特性のネットワーク上で社会関係資本が蓄積されるか，その点に関して先行研究をレビューしたい。

ネットワークは縦と横の観点から考察することができる。縦とはいわゆるパワーバランスに基づく上下関係であり，横とはその密度やつながりの強さを表す関係である。まず前者に目を向けたい。ネットワークには上司と部下の関係のようにヒエラルキー構造を持つ垂直的ネットワークと友人関係のようにパワーバランスの均衡した水平的ネットワークが存在する。Putnam（1993）によると，信頼や互酬性といった認知的資源の蓄積に大きく寄与するのは水平的ネットワークである。垂直的ネットワークにおいては，従属者が搾取されることに対する自己防衛を行ったりして，上の者と信頼関係を築くことが困難というわけである。この点に関しては，他の論者も同様のことを論じており（e.g. Adler and Kwon 2002），縦の観点からネットワークを検討すると社会関係資本の醸成には水平的ネットワークが必要という点において統一した見解が見られる。

Coleman（1988）と Burt（2001）はネットワークを垂直や水平といった縦の観点ではなく，閉鎖性と開放性といった横の観点から着目している。たとえば，Coleman（1988）は親子間のネットワークの閉鎖性に注目し，子ども同士だけでなく親同士も見知った閉鎖的なネットワークによって形成されるコミュニティほど社会関係資本が蓄積されていると述べる。そして，閉鎖的なネットワークで形成された社会関係資本が豊富なコミュニティでは，開放的なネットワークで形成されるコミュニティよりも学校を退学する子どもの人数が少ないといった，教育面での成果が得られることを主張している。これは，閉鎖的なネットワークにより信頼や結束力が強まり，ネットワークを構成するメンバー全体で積極的に子どもを支える傾向が見られるようになるためである。他にも，経済的な便益が得られるなど，社会関係資本が蓄積されることによって個人で生み出すことのできる利益以上のものが得られるようになると主張している。

それとは反対の立場として，Burt（2001）は開放的なネットワーク，とりわけ分離しているコミュニティをつなぎとめるネットワークを有する仲介者が社会関係資本の恩恵を受けられると述べる。Burt（2001）は社会関係資本を私的財と捉えており，コミュニティ間をつなぎとめる弱いネットワークを有するメンバーは，普段属しているコミュニティでは入手できない情報を手にすることが可能となり，それが個人の強みになると説明する[2]。コミュニティ間に存在する隙間に入り込みコミュニティを仲介するメンバーが便益を得られることから構造的隙間論（structural hole theory）と呼ばれている。

Putnam（2000）は閉鎖的ネットワークと開放的ネットワークのそれぞれが異なる働きをすると指摘し，閉鎖的なネットワークは内部の信頼や結束を生み出す一方で，開放的なネットワークは異なるコミュニティや組織と結びつける役割があると述べる。そのため，前者がコミュニティを凝集させる接着剤であれば，後者はコミュニティ間の相互作用を促す潤滑油であると表現している。ブランド・コミュニティは社会的な関係から形成されており，そのつながりも同質的かつ強固といった水平的・閉鎖的ネットワークの特徴を備えている。したがって，ブランド・コミュニティはコミュニティの結束力を強化する社会関係資本を醸成する場として有効に機能すると判断できる。

2.3 社会関係資本の類型

本章ではブランド・コミュニティに埋め込まれている社会関係資本に注目するが，それは資源の特徴によって2つ，認知的社会関係資本（cognitive social capital）と構造的社会関係資本（structural social capital）に大別できる[3]。

認知的社会関係資本は信頼や互酬性といった認知的要素に焦点を当てるが，構造的社会関係資本はネットワーク，役割，規則，先例や手続きによって提供される社会的組織などの構造を取り上げる（Uphoff 2000）。両者は相互補完的な関係にあり，ネットワークといった構造的要素を維持するのが認知的要素であり，認知的要素は構造的要素によって強化される。このように，同じ社会関係資本という用語を用いながらも，それが意味する内容は異なることがある。そのため，社会関係資本について議論する際には，そこで述べる社会関係資本が認知的社会関係資本について議論しているのか，構造的社会関係資本について議論しているのかを明確にする必要がある。本書はその定義からもわかるように，認知的社会関係資本に着目している。その理由は，第Ⅲ部の目的がコミュニティとの同一化を促す要因を解明することだからである。メンバー同士の関係性の強化といった構造面を成果と捉えているため，構造を強化する認知的社会関係資本に焦点を当て，その作用を検討する。

さて，認知的社会関係資本に注目することは，社会関係資本を公共財の観点から捉えることを意味し，構造的社会関係資本に着目すると，それは社会関係資本を私的財の観点から検討することを示すという議論がある（Lin 2001;Putnam 2000; 三隅 2013）。はじめに，公共財と私的財について説明を加えておきたい。資源は公共財と私的財に分けられるが，社会関係資本はどちらの観点からも捉えることができる（Lin 2001;Mathwick *et al.* 2008;Paxton 1999）。公共財とは社会全般で共有している財であり，資源の蓄積に関わったかどうかに関係なく社会に属していれば誰でも自由に利用できるという特徴を有している。資源の利用可能性が社会に属している人とそうでないものを弁別するため，その資源が存在することにより社会の境界線がより明確になる（Bourdieu 1986）。境界線が明確になると，社会に属している人は社会の内と外を意識して内集団を外集団よりも高く評価するようになり，自らが属する社会をより好ましく思うようになる（Hogg and Abrams 1988）。その結果として，社会の結束力が強化される。このように，公共財の観点からは，主に社会関係資本が社会に対して何らかのプラスの影響を及ぼすと考える。

他方で，私的財は特定の個人が有する財であるから，その資源から恩恵を受けられるのは所有者個人のみである（石田 2008）。それゆえ，私的財の観点からは，社会やコミュニティに参加している個人がどのようなネットワークを有しているか，そして，そのネットワークからいかなる便益が手に入れられるかに注目する。

稲葉（2011a）は，公共財と私的財という2分類に加え，クラブ財という考えを導入して社会関係資本を説明している。クラブ財とは特定のコミュニティに埋め込まれている財である。公共財は社会全般といったレベルで考えるが，クラブ財は特定のコミュニティレベルで考える。万人の資源ではなく，特定のコミュニティに参加していなければ利用できない資源という排除性（excludability）を有している。この議論を受けると，ブランド・コミュニティにおける社会関係資本を議論する際は，クラブ財としての社会関係資本に着目することになる。なお，クラブ財といっても公共財としての特性を有しており，特定のコミュニティに参加しているメンバーであれば誰でも自由にその恩恵を受けられる。すなわち，クラブ財としての社会関係資本も，公共財としての社会関係資本同様にコミュニティの境界線を再生産し，メンバーの内集団と外集団の比較を促し，内集団をより高評価させ，そしてコミュニティの結束力を強化する。議論を先取りしてしまえば，この機能があるために，ブランド・コミュニティにおける社会関係資本はコミュニティとの同一化を促すのである。

2.4 社会関係資本が生み出す成果

ここでは，社会関係資本が生み出す成果に関してまとめたい。社会関係資本の成果は，それぞれの研究の文脈に依存して変化し，共通した変数が用いられてきたわけではない（Mathwick *et al.* 2008）。以下では，学問領域を軸にいくつかの成果を整理する。まず，政治学や経済学では，社会関係資本が政治のパフォーマンスの向上や経済成長，社会の発展といったコミュニティ全体の結束力の強化や魅力の向上，成長に寄与すると述べられている（Fukuyama 1995;Knack and Keefer 1997;Putnam 1993, 2000;Zak and Knack 2001; 大守 2004）。社会関係資本が豊富なコミュニティにおいては，人々がコミュニティ活動に参加し，集合行為のジレンマで見られるタダ乗り[4]を市民の主体的協力によって監視することが可能となり，人々が安心して日々の生活やビジネスを行えるためである。他にも，コミュニティ活動への参加が情報の不完全性の補完，子どもの教育への影響，犯罪抑止，健康や幸福感に影響を及ぼすため，その結果としてコミュニティが繁栄するとも説明されている（Coleman 1988;Putnam 2000; 大守 2004）。

タダ乗りを市民の主体的協力により監視することは，メンバーが自由に活動する権利を制限するものである点はここで指摘しておきたい。社会関係資本が豊富なコミュニティは長期的に維持されるため，そこには特有の儀式や伝統といった規範が生まれ，メンバーはそれに従わなければならなくなる。社会関係資本が存在することでメンバーはメンバーとしての責任感を抱き，コミュニティの魅力や結束力を損ねないためにもその規範を遵守するのである。すなわち，社会関係資本はコミュニティの発展を促すと同時に，メンバーの行動を制限する規範も生み出す（Etzioni 1996;Portes 1998;Portes and Sensenbrenner 1993;Putnam 2000）。このように，社会関係資本はメンバーに対して肯定的な影響のみならず，否定的な影響も与える点は理解しておく必要がある[5]。ただし，規範はメンバーにとっては否定的な側面を有しているが，コミュニティを一定のルールのもとで発展させることに貢献するため，企業は醸成することが求められる要素である（Brown 1988;Putnam 2000）。

Adler and Kwon（2002）は経営学の観点から，社会関係資本が組織に蓄積される知識の質を向上させることによって，構成員が持つ組織への依存度を高め，組織の結束力を強めると述べる。企業のような組織だけではなく，消費者によって構成されるネット・コミュニティでも，社会関係資本がコミュニティの価値や消費者の持つ製品知識に影響を及ぼしコミュニティ・コミットメントの向上を促すことが指摘されている（Hung and Li 2007;Mathwick *et al.* 2008）。また，Fraering and Minor（2006）は，社会関係資本が消費コミュニティにおけるコミュニティ感覚を認識させることに寄与することを指摘するなど，ブランド・コミュニティでも社会関係資本が重要な役割を果たすであろうことが予想される。

以上のように，社会関係資本が生み出す具体的な成果はそれぞれの研究が注目する文脈によって異なるが，そのすべてにおいて，社会関係資本がコミュニティの魅力を高め，コミュニティで結ぶメンバー同士の関係性をより長期継続的なものへと変化させると論じている。本書でもこの点に注目したい。メンバーは魅力あるコミュニティへ参加することで，コミュニティと同一化する程度を高めるためである（Hogg and Abrams 1988）。このことを踏まえると，コミュニティの魅力を高める社会関係資本は，コミュニティとの同一化を促す要因として機能することがわかる。

3 ブランド・コミュニティにおける社会関係資本の下位構成概念

3.1 信 頼

ブランド・コミュニティにおける社会関係資本は2つの要素，信頼と互酬性から構成される。信頼については，多くの研究で社会関係資本の中核概念として扱われてきた（e.g. Fukuyama 1995;Mathwick *et al.* 2008;Putnam 1993, 2000; 宮田 2005; 山岸 1999）。山岸（1998）は信頼を「社会的不確実性が存在しているにもかかわらず，相手の（自分に対する感情までも含めた意味での）人間性ゆえに，相手が自分に対してそんなひどいことはしないだろうと考えることである」（p.40）と定義する。他にも，Fukuyama（1995）は「コミュニティーの成員たちが共有する規範に基づいて規則を守り，誠実に，そして協力的に振る舞うということについて，コミュニティー内部に生じる期待」（邦訳 p.63）と信頼を説明している。これらの定義から，信頼という概念は客体に対する期待として説明することができる。

さて，この客体に対する期待としての信頼は2つに大別することが可能である。それぞれ「相手の能力に対する期待としての信頼（以下，能力に対する期待）」と「相手の意図に対する期待としての信頼（以下，意図に対する期待）」である（Andaleeb 1992;Barber 1983;Yamagishi and Yamagishi 1994; 山岸 1998）。この議論をブランド・コミュニティの文脈に当てはめると，能力に対する期待は他のメンバーが問題解決を行ううえで十分な知識を有している，あるいはコミュニティ内には十分な知識が蓄積されていると期待することである。意図に対する期待は，他のメンバーが自分を騙すことなく誠実に支援してくれるだろうと期待することとして解釈することができる。

山岸（1998）は，後者の意図に対する期待には安心という概念が含まれていると主張する。安心とは，相手が裏切ることによって不利益を被ることがわかっているために持つ期待である。たとえば，相手が自分を裏切れば相手側に多額の経済的損失が発生する場合であれば，その人物は自分を裏切ることはないだろうと期待する。これが安心である。このため，上司と部下のようにパワーバランスが等しくない間柄では，上司は部下が裏切ることはないだろうと期待するため安心が生じやすい。ブランド・コミュニティは水平的なネットワークで結ばれており，パワーバランスが均衡していることから安心に関しては重要視する必要はないと判断する。したがって，ここで議論する信頼とは，能力に対する期待と意図に対する期待のことであるが，後者の期待には安心というものは含めずに考える。

ところで，信頼が重要視される状況は情報が正確でないと損をする場合，不確実性が高い場合である（山岸 1998）。ブランド・コミュニティ，とりわけオンライン・ブランド・コミュニティでは情報の発信者と受信者が互いをあまり知らないことが多く（O'Guinn and Muniz 2009），発信者やその情報の信頼性に疑問が残る。そのためコミュニティが価値ある場として機能するには信頼が不可欠である。なお，信頼という概念は世間一般の人々に対して向けられた普遍的信頼（generalized trust）と特定の個人・集団に向けられた特定的信頼（participated trust）に分けられるが（Uslaner 2002），本書で注目する信頼は特定的信頼である。

コミュニティ内でこういった信頼が醸成されれば，そのコミュニティの結束力はより高まる。このことによって，相互作用が活発になり，結果的に結束力がさらに高まるといった循環が生まれる（Wenger, McDermott and Snyder 2002）。そして，その循環において重要な役割を果たす信頼が醸成されやすいのは，閉鎖的なコミュニティである（Coleman 1988）。ネットワークが密な閉鎖的なコミュニティほどメンバー間での相互作用が多くなり，メンバー同士が信頼し合うようになるのである。

3.2　互酬性

社会関係資本研究ではその構成要素として互酬性（reciprocity）にも注目が集まっている（Mathwick *et al.* 2008;Putnam 1993, 2000）。Gouldner（1960）によると互酬性とは，受け取った利益に対して生じる返礼の義務であり，その返礼は道徳的な規範によって同等の価値を持つ必要があるとされる。

Sahlins（1972）は互酬性を３つ，一般的互酬性（generalized reciprocity）と均衡的互酬性（balanced reciprocity），否定的互酬性（negative reciprocity）に分類することが可能であると指摘する。一般的互酬性とは利他主義的な贈与のことであり，「直接何かがすぐ帰ってくることを期待しないし，あるいはあなたが誰であるかすら知らなくとも，いずれはあなたか誰か他の人がお返しをしてくれることを信じて，今これをあなたのためにしてあげる」（Putnam 2000, p.135; 邦訳 p.156）という意識である。均衡的互酬性とは，等価値の品目の同時交換を意味し，「あなたがそれをやってくれたら，私もこれをしてあげる」（Putnam 2000, p.20; 邦訳 p.17）というお互い様の意識である。否定的互酬性とは損失なしに無料で何かを獲得しようとする試みであり，功利主義的な利益を志向して公然と行われる横領を生み出す意識である。

ブランド・コミュニティのメンバーは水平的なネットワークで結ばれており，パワーバランスが均衡しているために支援したことでの返礼を強要することは困難である。さらに，ブランド・コミュニティに参加しているメンバーの多くは他のメンバーと直接コミュニケーションを取ることが少なく，ネット上での相互作用に着目すれば必ずしも即時的なやりとりを行っているわけでもない（O'Guinn and Muniz 2009）。これらの点を考慮すると，他のメンバーを支援すると同時に本人からの返礼を期待することは難しい。したがって，ブランド・コミュニティでは，一般的互酬性（以下，互酬性）がより重要な働きをすると考えられる。メンバーは支援活動による返礼を，支援対象であるメンバーからではなくコミュニティから得られることができればいい。互酬性は，コミュニティの魅力を高めるため，長期的にコミュニティを維持するためには欠かせない要素である（Giesler 2006; Mathwick *et al.* 2008; Muniz and O'Guinn 2001; Wenger *et al.* 2002）。互酬性を有するメンバーが積極的にコミュニティ内で活動するからこそ，コミュニティの有する社会的価値や情報源としての価値などが高まっていくためである。

なお，互酬性はブランド・コミュニティ研究で論じられている道徳的責任感の互酬的な意識と同じことを意味する（Mathwick *et al.* 2008）。以下本書では，道徳的責任感を互酬性と自らの行動を御する意識である規範とに明確に区別して議論する。これによって，道徳的責任感のなかでもどちらの意識により着目しているのかを明らかにする。

4　小括：コミュニティの魅力を高める社会関係資本

本章では，ブランド・コミュニティに埋め込まれている社会関係資本に注目し，その捉え方や成果，下位構成概念について幅広く記述した。そのなかで，社会関係資本がコミュニティの魅力を高め，コミュニティとの同一化を促す要因として機能しうることを詳述した。

社会関係資本とは，コミュニティに埋め込まれている信頼や互酬性といった認知的資源である。社会関係資本が豊富なコミュニティに参加しているメンバーはコミュニティを魅力的なものと感じ，そうしたコミュニティと同一化する程度を高める。これらの意識変化はメンバーがコミュニティでの結束力を強めることを意味し，それによりブランドとの関係性は強化される。社会的同一化アプローチでは，メンバーはいかなるコミュニティに参加することによってコミュニティと同一化する程度を高めるかについての議論が行われてこなかったが，社会関係資本概念を用いることで，その点について論じることができた。

社会関係資本の構成要素それ自体は，以前から注目されていた。たとえば，信頼はリレーションシップ・マーケティングにおける中核概念の１つとして扱われ，ブランド・コミュニティ研究でも議論されてきたし，互酬性は道徳的責任感として扱われてきた。本書では，それらを社会関係資本というより上位の概念で包含することにより，メンバー同士の関係性をより包括的に，そして企業が管理することのできる資源として検討・扱うことの重要性を強調している。

● 注 ●

1　社会関係資本に対し，資本という用語を用いることが妥当であるかどうかについての議論が経済学を中心に行われている。一般的に資本とは，「将来の利益を受け取るために支払う犠牲」や「市場で利益を得ることを目的として行われる資源の投資」であるが，社会関係はそういった利益を求めて形成されないことが多いため資本とはいえないというわけである（Arrow 1999;Lin 2001）。しかし，三隅（2013）は，社会関係が当初は何かしらの利益を意図せずに形成されたものでも，個人や集団の意思によって利益を意図したものに変容するため，それは資本であると考える。本章でも同様に，ブランド・コミュニティ上のメンバー同士の関係性は企業が利益を意図して構築・維持するという意味でも資本と捉える。この点について，詳しくはLin（2001）や稲葉（2016），三隅（2013），宮田（2005）を参照されたい。

2　この議論の背景には，Granovetter（1973）が提唱した「弱い紐帯の強み（strength of weak ties）」という理論がある。これは，新規性の高い，価値ある情報は弱い紐帯を通じてもたらされるという理論である。強い紐帯で結ばれている場合，同質性が高く同じ情報源を利用することも多いため，似た情報を共有する傾向が強い。他方で，弱い紐帯で結ばれる相手とは，同質性が低く情報源も異なるため，自らが知らない新しい情報を提供してくれると考える。

3　Putnam（2000）は他にも，社会関係資本とネットワークの特徴に着目し，閉じたネットワークに埋め込まれているのが結束型社会関係資本（bonding social capital）であり，開いたネットワークに埋め込まれているのが橋渡し型社会関係資本（bridging social capital）であると説明する。

4　フリーライドともいう。特定の対価を支払わずに便益を享受する行為。

5　社会関係資本が有するダークサイド（負の側面）については稲葉（2011a, 2011b）や三隅（2013）を参照されたい。

第９章

社会関係資本がメンバーに及ぼす影響

1 仮説の構築：コミュニティとの同一化を促す社会関係資本

本章では，社会関係資本がコミュニティとの同一化を促すことによって，間接的にブランドとの関係性を強化する過程を仮説として提示し，それを検証したい。このように，ブランド・コミュニティ研究に社会関係資本概念を組み込むことによって，社会的同一化アプローチが抱える課題，コミュニティとの同一化を促す要因は何か，換言するとメンバーはどういった特徴を有するコミュニティと同一化する程度を高めていくのかという点に対して回答することができる。

本章における実証モデルは**図９-１**である。ここでその概略について述べておきたい。まず，本書では社会関係資本を信頼と互酬性から構成されると捉えている。メンバー同士の関係性のなかでもその２要因がコミュニティにおける魅力になると考えているわけである。メンバーはコミュニティに埋め込まれているこれらの認知的資源から影響を受け，コミュニティと同一化する程度を高めていく。そして，コミュニティとの同一化が高まるとブランドとの関係性も強化されていくことはこれまで何度も述べてきた。ここで注意すべきは，社会関係資本は必ずしもメンバーに肯定的な影響ばかりを及ぼすわけではないという点である。前章でも指摘したように，メンバーの行動を制限する規範を意識させてしまうのである。本章ではその点も考慮して規範を組み込んだモデルを

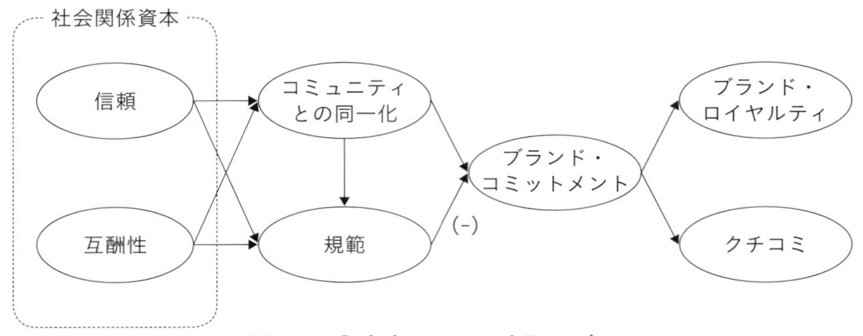

図9-1●本書における実証モデル

構築し，規範がブランドとの関係性に否定的な影響を及ぼすと考えた。

なお，実証モデルでは，ブランドとの関係性のなかでもブランド・コミットメントという意図，そしてブランド・ロイヤルティとクチコミという行動を取り上げる。意図と行動を用いることによって，ブランドとの関係性を心理的側面と行動的側面の双方から検討することができるためである。クチコミについては，絆の５段階でもその重要性が強調されているし，SM が普及した今日ではロイヤルティよりもクチコミを重視すべきという議論もある（Keller and Fay 2012）。また，ブランド・コミュニティ研究の概念整理の表（**表３-１**）やじゃがり校の管理においてもロイヤルティとクチコミを最終的な成果にしていることから，これら２要因を最終的な指標に組み込んだ。

以下では，具体的な影響関係を検討したい。Mathwick *et al.*（2008）は，社会関係資本が蓄積されることでコミュニティの情報的価値や社会的価値が向上することを明らかにしている。これは社会関係資本がコミュニティの魅力を高めることを意味する（三隅 2013）。人は本来的に他者によく見られたいと考えており，肯定的なイメージを自らに付与することを望む（工藤 2010）。メンバーは，魅力あるコミュニティと同一化することでその魅力を自己の属性の一部として他者に示すことができる。それゆえ，コミュニティが魅力ある場に変化することによってメンバーはコミュニティと同一化する程度を高めるようになる。

他にも，信頼がリレーションシップ・マーケティング研究で注目されてきたのは前述のとおりであり，これが醸成されると主体と客体の関係性はより良好で長期継続的なものになる（e.g. Morgan and Hunt 1994; 久保田 2012）。関係性の質が向上することによって，メンバーは他のメンバーを自己の延長として感じ，コミュニティと同一化するようになる（Harper and Dunhma 1959）。また，互酬性には他のメンバーを見知らぬ競争相手のように思わせるのではなく協力すべき仲間だと思わせる作用がある（Newton 1997）。すなわちそれは，仲間意識を醸成することにつながる。仲間意識が強くなると，メンバーは集団間の差を大きく見積もり，それが結果的にコミュニティとの同一化を促すようになる（三隅 2013）。以上の議論から次の仮説が導出される。

> Ｈ１：社会関係資本，(a) 信頼，(b) 互酬性，はコミュニティとの同一化に正の影響を及ぼす

社会関係資本はメンバーにコミュニティの一員であることを自覚させ，メンバーとしての責任感や義務感を抱かせる（Etzioni 1996;Portes 1998;Portes and Sensenbrenner 1993;Putnam 2000）。メンバーはそのような意識を抱くことで，コミュニティやブランドに対しての否定的・逸脱的行動を控えるようになる（McMillan and Chavis 1986）。すなわちそれは，コミュニティにおける規範の存在を認識するようになるといえる。ここで規範とは，特定の集団内で認められている態度と行動の範囲を限定する価値基準を示すものであり，人々の行動を拘束したり制御するものと規定される（Cialdini, Kallgren and Reno 1991;Sherif 1935; 吉田 2001）。規範が存在するからこそ，特定の集団内で是認される行動とそうでない行動とが区別されることになる。ゆえに，規範はメンバーにとっては自らの行動に制限を加える否定的な要素であるが，企業がコミュニティを一定の秩序下で維持していくうえでは欠かせない要素である。以上の議論から次の仮説が導き出される。

> Ｈ２：社会関係資本，(a) 信頼，(b) 互酬性，は規範に正の影響を及ぼす

メンバーがコミュニティと同一化する程度を高めると，規範を遵守しなけ

ればならないという意識が高まる。類似度が高い内集団のメンバーからの影響を強く受け，コミュニティの特徴が自己の特徴の一部へと変化することでコミュニティに備わっている価値基準と自らの有するそれとが同質化し，規範を遵守することが当たり前であると認識するようになるのである（Hogg and Abrams 1988;Turner 1987）。このように，集団に属することで個人としての意識が弱化し，集団の特徴が自己の特徴へと変化することは非個人化（depersonalization）として説明される（Turner 1987）。以上の議論から，次の仮説を設定することが可能である。

H３：コミュニティとの同一化は規範に正の影響を及ぼす

メンバーがコミュニティと同一化すると，他のメンバーが好むブランドを同様に好むようになる。自らと類似している他のメンバーが好むものはより魅力的なものに見えるためである（Ferguson and Kelly 1964）。また，非個人化が行われることによって，他のメンバーが当該ブランドを好んでいるといった特徴を自らの特徴へと変化させ，当該ブランドを好むようになったり，外集団との比較を通じて同一化対象のコミュニティの中心に存在するブランドをより好意的に評価するようになったりする。この点については，第６章でも検証したとおりである。

H４：コミュニティとの同一化はブランド・コミットメントに正の影響を及ぼす

ブランドとの関係性は規範の影響も受ける。規範の影響を受けたメンバーは自らの行動を制御されてしまう感覚を覚え，コミュニティへの参加が重荷になったりして，ブランドとの関係性を継続していくことに対して否定的な意識を有するようになってしまう（Algesheimer *et al.* 2005）。それはブランド・コミットメントのような行動意図に負の影響を及ぼすと換言することができよう。以上の議論から次の仮説を設定したい。

H５：規範はブランド・コミットメントに負の影響を及ぼす

ブランド・コミットメントとブランド・ロイヤルティは類似した概念であるが，本書では両者を意図と行動により区別すると論じた。そのため，ブランド・コミットメントはブランド・ロイヤルティに影響を及ぼすと考えられる（Kim *et al.* 2008）。また，コミットメントが高まることでクチコミのような行動を行う傾向があることも先行研究から明らかである（e.g. Carlson *et al.* 2008; 久保田 2012）。ここでの議論から，次の仮説を設定したい。

H６：ブランド・コミットメントは（a）ブランド・ロイヤルティ，（b）クチコミに正の影響を及ぼす

2　調査概要：誰に何を聞いたか

2.1　調査対象

本章で分析したデータは，マーケティング調査会社の株式会社マクロミルに協力してもらい，2018年９月に日本全国に住む男女計827人のブランド・コミュニティ参加者からネット調査により回答を得たものである。回答者の性別や

表9-1 ■ 調査対象者の要約

年代	コミュニティ参加人数（%）		
	男性	女性	合計
20代	95（11.5%）	74（8.9%）	169（20.4%）
30代	99（12.0%）	95（11.5%）	194（23.5%）
40代	114（13.8%）	68（8.2%）	182（22.0%）
50代	91（11.0%）	64（7.7%）	155（18.7%）
60代以上	88（10.6%）	39（4.7%）	127（15.4%）
合計	487（58.9%）	340（41.1%）	827（100%）

年代は**表9-1**にまとめる。

簡単に調査対象者の傾向を確認してみると，性別では男性が，年代では30代がやや多めであることが見られた。ただし，性別・年代ともに大きな偏りは見られないといえよう。なお，複数のコミュニティに属していることも考えられるため，第Ⅱ部での分析同様に回答者が「最もよく閲覧するコミュニティ」を念頭に回答してもらうようにしている。

2.2 測定尺度

調査に用いた測定尺度は，先行研究において信頼性や妥当性が十分に検証されているものを採用しており，全項目7段階のリッカート尺度によって測定している（**表9-2**）。社会関係資本の構成要素については信頼を Mathwick *et al.*（2008）から3項目，互酬性を Mathwick *et al.*（2008）と Chan and Li（2010）から4項目採用している。社会的同一化アプローチの中核概念であるコミュニティとの同一化は Algesheimer *et al.*（2005）や Bagozzi and Dholakia（2006），久保田・松本（2010）を参考に5項目作成した。規範は Algesheimer *et al.*（2005）から2項目，ブランド・コミットメントは Coulter *et al.*（2003）から3項目，ブランド・ロイヤルティとクチコミはそれぞれ Kim *et al.*（2008）と Zeithaml, Berry and Parasuraman（1996）から4項目と3項目採用している。第Ⅱ部での調査同様に，英語文献の測定尺度についてはバックトランスレーションを行っている。

表９-２ ▩ 測定尺度

	M	*SD*	CR	AVE	因子負荷量
信頼（Trust）	4.15	1.12	.906	.763	
コミュニティのメンバーは誠実である					.895
コミュニティで受け取った情報をもとに大切な意思決定を行う					.884
コミュニティのメンバーは私の知らないことを知っていると信じている					.840
互酬性（Rec）	4.16	1.29	.887	.663	
他のメンバーが必要とすれば，時間や労力を費やしてでも助ける					.844
コミュニティが必要とすれば普段の好意のお返しをすべきである					.826
私が手助けを必要とすれば，誰かが助けてくれると思う					.813
他のメンバーから助けてもらった際，私もお返しに他のメンバーを手助けすべきと思う					.771
コミュニティとの同一化（IBC）	3.67	1.41	.927	.718	
このコミュニティとの間に強い結びつきを感じる					.877
私はコミュニティにとって重要なメンバーである					.862
コミュニティの一員であることを自覚している					.844
私にとってこのコミュニティは，自分の一部のようなものだ					.829
コミュニティの他のメンバーとのつながりは私にとって大きな意味がある					.824
規範（Norm）	3.48	1.43	.815	.687	
私の行動は他のメンバーからの期待に影響されている					.828
コミュニティに受け入れられるため，他のメンバーからの期待に応えるように行動しなければならないように感じる					.813
ブランド・コミットメント（BC）	4.07	1.20	.840	.637	
このブランドに本当に愛着を持っている					.850
自分にとって一番だと思うため，いつもこのブランドにこだわっている					.808
このブランドがずっと気に入っている					.731
ブランド・ロイヤルティ（BL）	4.01	1.09	.876	.640	
このカテゴリーの商品を購入する際，ブランド名を一番に確認する					.823
普段はこのブランドを買う					.817
このカテゴリーの商品はよく似ている（反転項目）					.794
いつもこのブランドを購入する					.764
クチコミ（WOM）	3.99	1.22	.849	.653	
アドバイスを求める人にはこのブランドを勧める					.858
このブランドを利用するように友人・知人に勧める					.800
他の人にこのブランドの良い面を言う					.763

3　仮説検証：社会関係資本は間接的にブランドとの関係性を強化する

3.1　測定尺度の信頼性と妥当性

本章では共分散構造分析を用いて仮説検証を行う。それに先立ち，Anderson and Gerbing（1988）が提唱する2ステップ・アプローチに則り，測定尺度の信頼性と妥当性を検証した（**表9-2,9-3**）。まず，分析に用いるデータに偏りがないかを確認するため，天井効果およびフロア効果の有無を検証した。その結果，すべての項目において基準を満たしていることがわかった。

信頼性に関してはComposite Reliability（CR）から検討した。すべての構成概念でCRが基準となる値の.60を上回っていることを確認することができたため，測定項目の信頼性を確保することができたといえよう（Bagozzi and Yi 1988）。

収束妥当性に関しては，各潜在変数から観測変数への因子負荷量ならびにAverage Variance Extracted（AVE）から判断した（Bagozzi and Yi 1988）。因子負荷量はすべての項目で.60を上回っており，AVEに関してもすべての構

表9-3 ■ AVEと因子間の相関係数の平方

	Trust	Rec	IBC	Norm	BC	BL	WOM
Trust	.763						
Rec	.476	.663					
IBC	.432	.419	.718				
Norm	.432	.402	.500	.687			
BC	.130	.211	.212	.176	.637		
BL	.303	.204	.194	.178	.709	.640	
WOM	.165	.266	.190	.235	.477	.557	.653

（注）対角成分はAVE，下三角成分は因子間の相関係数の平方である。

成概念において基準となる値の.50を超えていることを確認している（Bagozzi and Yi 1988;Fornell and Larcker 1981）。これらの結果から，収束妥当性が確認されたと判断できる。

弁別妥当性については，構成概念のAVEが相関係数の平方より大きいことで確かめた（Hair *et al.* 2013）。それぞれの値を比較すると，ブランド・コミットメントとブランド・ロイヤルティといった概念間の相関係数の平方がAVEを上回る結果となった。第Ｉ部でも論じたように，ブランド・ロイヤルティをブランド・コミットメントのような心的要素を包含して議論する研究があることを考慮すると，ある程度高い相関係数が出ることは大きな問題ではないと判断した。以上のように，弁別妥当性については必ずしも満足する結果が得られなかったが，それ以外の面では一定の信頼性を得られる結果となった。

3.2　分析結果

Ｈ１からＨ６を検証するにあたって，本章では共分散構造分析を行った。モデルの適合度は，x^2=1007.59，d.f.=238，GFI=.906，CFI=.906，NFI=.929，RMSEA=.063とそれぞれの基準とされている値よりも良い値を示したことから（Bagozzi and Yi 1988;Hair *et al.* 2013），本章で想定した実証モデルとデータが適合していることがわかる。

社会関係資本からコミュニティとの同一化への影響を確認する。コミュニティとの同一化に関しては，信頼からの影響が（β=.565, p<.01），互酬性からの影響が（β=.303, p<.01）であり，双方のパスにおいて有意な正の影響を確認することができた。この結果から，Ｈ１a, bの双方を支持することができる。つまり，ブランド・コミュニティ上の社会関係資本もコミュニティの魅力を高め，コミュニティとの同一化を促すことに寄与するのである。

次に，社会関係資本が規範に与える影響を確認する。信頼から規範へは（β=.250, p<.01）と有意な正の影響が見られ，互酬性からは（β=.151, p<.05）と５％水準で弱い有意な正の影響が見られた。社会関係資本はコミュニティとの同一化のような企業にとって肯定的な影響ばかりをメンバーに与えるわけ

ではなく，否定的な影響も与えることがこの結果からわかる。以上の結果から，H２a,b の双方を支持したい。なお，互酬性からの係数が低いことは次のことを示唆しよう。互酬性が存在することで，自らがコミュニティから恩恵を受けるのであれば，そのお返しに他のメンバーを支援しようと考えるが，その意識は義務的に他のメンバーを支援しなければならない，あるいは特定の行動をするように迫られるといった意識へと必ずしも変化しないのである。これは，互酬性と規範とを包含する道徳的責任感という概念の妥当性に疑問を提起する結果となった。道徳的責任感について議論する際には，どちらの意識に着目しているのかを明示しておく必要があることを意味しよう。

コミュニティとの同一化が規範に及ぼす影響は（β=.534, p<.01）で，強い正の影響が確認された。メンバーはコミュニティに参加し，同一化する程度を高めていくことによって，そこに内在する価値基準に合わせて行動を行うようになるのである。このため，同一化の水準が高いメンバーばかりで構成されるコミュニティは，規範を遵守するといった意識が高いメンバーが多いことになり，やや排他的になってしまう恐れもある。コミュニティを管理するうえではこの点に注意せねばならない。以上の結果から，H３は支持される。

ブランドとの関係性につながる影響を確認する。まず，コミュニティとの同一化からブランド・コミットメントへの影響は（β=.808, p<.01）と強い正の影響が見られた。次に，規範からブランド・コミットメントへは（β=−.020, *ns*）と有意な影響が見られなかった。コミュニティとの同一化がブランド・コミットメントを促すことに大きく寄与することは先行研究からも示されている。一方，規範からは否定的な影響が予想されたが，本章での分析からはそういった影響関係は見られなかった。本章では，メンバーが規範の意識を抱くことは彼／彼女らにとっては否定的なものであるということを所与とし，それがブランドとの関係性の弱化につながると考えた。しかし，コミュニティとの同一化の水準が高いメンバーにとっては，必ずしも規範が否定的なものであるとは限らない可能性がある。非個人化を通じ，コミュニティが有する価値基準と自らの有するそれとが一致すると，規範を遵守することを苦と感じなくなるためで

表９−４ 共分散構造分析の結果

独立変数		従属変数	β
信頼	→	コミュニティとの同一化	.565*
互酬性	→	コミュニティとの同一化	.303*
信頼	→	規範	.250*
互酬性	→	規範	.151**
コミュニティとの同一化	→	規範	.534*
コミュニティとの同一化	→	ブランド・コミットメント	.808*
規範	→	ブランド・コミットメント	*ns*
ブランド・コミットメント	→	ブランド・ロイヤルティ	.894*
ブランド・コミットメント	→	クチコミ	.844*

$^{*}p<.01$, $^{**}p<.05$

ある。このため本章での分析からは，規範を遵守する意識とブランド・コミットメントの間に否定的な影響関係が見られなかったと考えられる。以上の結果から，Ｈ４を支持し，Ｈ５は支持できない。

最後に，ブランド・コミットメントからブランド・ロイヤルティとクチコミへの影響は，ブランド・ロイヤルティが（β=.894, p<.01），クチコミが（β=.844, p<.01）とどちらも強い正の影響が確認された。ブランド・コミットメントを有するメンバーは，積極的に同じブランドの商品を購買したり，クチコミを行う傾向があるのである。Ｈ６a,b は支持されることになる。分析結果は**表９−４**にまとめている。

4　小括：メンバーがブランド・コミュニティから受ける影響

本章では，ブランド・コミュニティにおける社会関係資本がコミュニティとの同一化や規範を促すことで，ブランドとの関係性を強化する過程を検証した。ブランド・コミュニティ参加者を対象に調査を行った結果，Ｈ５を除くすべて

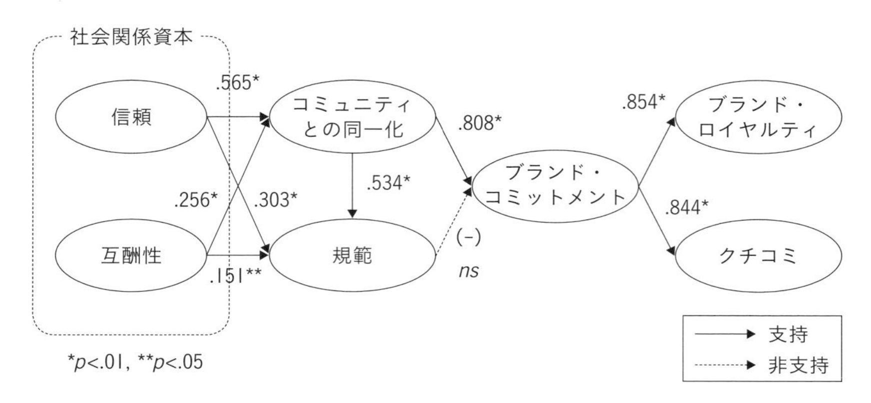

図9-2 ● 本書における実証モデルの仮説検証結果

の仮説が支持されるという結果になった。その結果を図示化したものが**図9-2**である。以下ではここでの発見事項をまとめたい。

まず，従来の社会関係資本研究で対象とされてきたコミュニティのみならず，ブランド・コミュニティ上でも社会関係資本が機能することが明らかとなった。社会関係資本からコミュニティとの同一化への影響に関しては，信頼と互酬性の双方から有意な影響が見られたし，規範のようなメンバーの行動を制限する要因も高めることが示された。

次に，規範はコミュニティを一定の秩序下で管理するには必要なものであるが，ブランドとの関係性を強化するうえでは肯定的にも否定的にもあまり影響を及ぼさないことがわかった。一方で，今回の分析では規範を抱くことに対して肯定的・否定的な感情を有するといった側面まで検討されておらず，それぞれの態度変容を考慮した分析を行えていない点が課題である。

また，コミュニティとの同一化はブランド・コミットメントを介し，間接的にブランド・ロイヤルティやクチコミに影響を及ぼすことが改めて検証された。これは，企業がコミュニティを管理していくうえではコミュニティとの同一化を高めることを目標にすべきであることが示されていると結論付けられよう。

おわりに：発見事項と貢献

本書では，ブランド・コミュニティを相互作用アプローチと社会的同一化アプローチの双方から幅広く論じ，それぞれが抱える課題を解決して最終的な実証モデルを提示し，その検証を行った。そして，ブランド・コミュニティにおける社会関係資本，より具体的にはコミュニティに埋め込まれている信頼や互酬性といった認知的資源が社会的同一化アプローチで注目すべきコミュニティとの同一化を促し，間接的にブランドとの関係性を強化することを示した。

●発見事項

本書では，「はじめに」で提示した3つの目的に回答する形で議論を進めてきた。ここで本書全体を振り返り，次に貢献部分をまとめたい。

まず第1の目的は，ブランド・コミュニティの独自性を探るということである。そこで第Ⅰ部の第1章ではリレーションシップ・マーケティング研究やブランド研究のレビューを行い，なぜブランド・コミュニティ研究が注目されるにいたったかをマーケティング的な側面から述べた。そして，これまでの研究では社会性といった側面からの検討が不十分であったことを議論した。続く第2章では，社会学におけるコミュニティ研究を中心にレビューし，さまざまなコミュニティの特徴について論じた。第3章では，ブランド・コミュニティがこれまでのブランド研究やコミュニティ研究で議論されてきた概念といかなる点で異なるかを示した。

第2の目的は，企業がブランド・コミュニティを管理するうえで目的とすべき成果指標を解明することである。換言すると，ブランドとの関係性を強化するためにはどの要因が重要なのかを明らかにすることである。この点については，第３章でブランド・コミュニティ研究を定量的なものを中心にではあるが網羅的にレビューし，相互作用とコミュニティとの同一化がその要因として機能しうることを述べた。そして第Ⅱ部の第４章と第５章で現実のブランド・コミュニティに筆者自らが入り込み，相互作用に着目して分析を行った。その結果，相互作用に着目するだけではブランドとの関係性の強化を考えるには不十分であることを指摘した。以上の議論を受け第６章では相互作用とブランドとの関係性の間に直接的な影響関係を想定することが妥当であるかどうかを経験的に検証し，相互作用はコミュニティとの同一化を媒介してブランドとの関係性に影響を及ぼしていることを述べた。すなわち，ブランドとの関係性を強化するためには相互作用ではなくコミュニティとの同一化を高めることを目指してブランド・コミュニティを管理する必要がある。これこそが企業が目指すべき成果指標である。そして第７章では，相互作用はどういった要因によって促されるのかも検討した。

第３の目的は，提示した成果指標（コミュニティとの同一化）を促す要因は何かを解明することである。第Ⅲ部の第８章では，コミュニティの魅力こそがその要因になることを述べ，その魅力を生み出すのが社会関係資本であることを主張した。その下位構成概念として，信頼と互酬性が挙げられる。そして第９章で，社会関係資本がコミュニティとの同一化ならびにメンバーの受ける規範意識に影響を及ぼし，その結果としてメンバーとブランドとの関係性を強化するという実証モデルを構築し，検証した。そして，社会関係資本がメンバーとブランドとの関係性を間接的に強化することを経験的に明らかにした。

●理論的貢献

本書における理論的な貢献事項は大きく６つある。第１に，ブランド・コミュニティの独自性や特徴をブランド研究とコミュニティ研究の双方から検討した点である。ブランド・コミュニティ概念を提唱したMuniz and O'Guinn

(2001）では，コミュニティ研究の視点を加えた考察が行われている一方で，それ以降の研究ではそういった視点が抜け落ちている。その多くがブランド研究のみをレビューし，ブランド・コミュニティはブランド・リレーションシップの議論に社会性を加えた点に独自性があるとしている。それに対して本書では，リレーションシップ・マーケティング研究にブランド研究，ブランド・リレーションシップ研究といった従来から議論されてきた視点に加え，社会学を中心に研究が行われてきたコミュニティ研究をレビューし，その独自性を探った。そして，マーケティング的な側面からはブランドとの関係性にメンバー同士の関係性といった社会性を加え，それらを同時に検討する点に特徴があることを再確認した。さらに，ブランド・コミュニティはブランドとの関係性の構築ではなく維持を目指す場である点を強調した。

コミュニティ研究からは，ブランド・コミュニティは地域のような物理的な境界線があるわけではなく，心理的な結びつきが境界線として機能する心理的コミュニティの１つであることが確認された。そして，境界線や相互作用，共通の絆の３要因がコミュニティを検討するうえでは重要であり，メンバーを結びつけるのが当該ブランドの消費・所有経験ではなく好意的な態度から形成されるブランドとの関係性であることを強調した。

第２に，相互作用とブランドとの関係性には直接的な影響関係が見られないことを明らかにした点である。従来の研究では，コミュニティ内での相互作用は当該ブランドに肯定的な話題が主であることを前提に，その頻度が増えることによってメンバーは当該ブランドをより好むようになると考えてきた。しかし本書でのケーススタディからは，メンバー間の相互作用は多様であり，当該ブランドにとって否定的な話題や雑談も多く行われているため，相互作用の頻度が増えるだけではブランドとの関係性は強化されないことが示唆された。そこで相互作用とブランドとの関係性の間に直接的な影響関係が見られるかどうかを経験的に検証した結果，それらは直接ではなくコミュニティとの同一化を媒介して間接的に結びついていることが明らかになった。すなわち，メンバーはコミュニティとの同一化を果たさなければどれだけ相互作用をしようともブランドとの関係性を強化しないのである。以上のように，コミュニティとの同一化は相互作用とブランドとの関係性を結びつける媒介変数として機能し，それなしではブランドとの関係性は強化されない。それゆえ，企業がブランド・コミュニティを管理する際の成果指標はコミュニティとの同一化を用いるべきなのである。

第３に，自発性は，ブランドとの関係性とメンバー同士の関係性の双方から影響を受けることを明らかにした点である。先行研究でも相互作用を促す要因について議論されることはあった。しかし，そこでは参加頻度のような行動的側面ばかりが着目され，参加したいと思うかどうかといった心理的側面からの考察が行われてこなかった。また，先行要因については集団レベルからの検討が主で，集団レベルとブランドレベルの双方から同時に検討することができていなかった。それに対し本書では，自発性という心理的変数を成果指標に用いて分析を行い，メンバーは集団レベルとブランドレベルの双方から同程度の強さの影響を受け，自発性を高める傾向があることを示した。

第４に，コミュニティとの同一化を促す要因を解明した点である。従来の研究でもコミュニティとの同一化に注目した研究は多い。しかしその多くは，メンバーがコミュニティと同一化していることを起点に分析が行われ，その重要性が指摘される一方でいかなる要因がコミュニティとの同一化を促すかについての議論があまり行われてこなかった。それに対し本書では，メンバーは魅力あるコミュニティに参加するなかでその程度を高めることを指摘し，その魅力を生み出すのはコミュニティに埋め込まれた信頼や互酬性といった社会関係資本であることを述べた。そして，ブランド・コミュニティ上に蓄積される社会関係資本がコミュニティとの同一化を促し，間接的にブランドとの関係性を強化することを経験的に確認した。

第５に，道徳的責任感を互酬性と規範とに弁別し，それぞれの影響関係を解明した点である。これまでは，道徳的責任感という概念は互酬性と規範とを包含した概念として用いられる傾向があった。しかし，本来それらは異なるものとして扱われるべきである。そこで本書では，互酬性を社会関係資本の構成要素に位置付け，それが規範に影響を及ぼすと考え経験的な検証を行った。その結果は，有意な影響が見られたものの，その係数は極めて低いというものだった。ブランド・コミュニティでは，互酬性のようなお互い様という意識は，規範のような義務的な感覚へと必ずしも変化しないことを意味する。

第６に，規範はブランドとの関係性に影響を及ぼさない場合があることを明らかにした点である。従来の研究では，規範がメンバーの行動を制御し，それがメンバーに否定的な影響を及ぼすことでブランドとの関係性を弱化させると指摘されてきた。しかし，本研究による分析では，規範からブランド・コミットメントへは肯定的にも否定的にも直接的な影響が見られなかった。これは，規範がブランドとの関係性に否定的な影響を及ぼすという影響関係を再検討する必要があることを示唆しよう。

●実務的貢献

本書には，企業がブランド・コミュニティを管理するうえで以下の３つの実務的貢献がある。第１に，企業がブランド・コミュニティを管理する場合，コミュニティとの同一化を成果指標に用いることが有効であることを明らかにした。今日，多くの企業がブランド・コミュニティを管理しているが，そこでは発言数や参加頻度といった相互作用の量のみを成果指標に用いている（Moran and Gossieaux 2001）。相互作用のみに注目することが不十分な点は本書で議論してきた。企業はそういった行動的側面ではなく心理的側面，とりわけコミュニティとの同一化を重要視し，ブランドとの関係性を強化することを目指すべきである。企業は，自社がなぜブランド・コミュニティを管理するのかを改めて考え直さなければならない。本来，自社の有するブランドへのコミットメントであったりロイヤルティを高め，消費者との間により強固な関係性を構築することがコミュニティを管理するうえでの目的のはずである。その点を忘れず，より容易に計測できる発言数やアクセス数といったものばかりに気を取られるべきではない。

第２に，コミュニティとの同一化を促すためには，社会関係資本を蓄積する必要があることを示した。そのためにはたとえば，ネット上のブランド・コミュニティであれば，過去のメンバー間の相互作用を閲覧したり検索したりできる場を用意することも有効である。過去の相互作用を閲覧することができれば，メンバーのコミュニティへの参加期間や頻度にかかわらずコミュニティを深く知ることができ，コミュニティ上に蓄積されている社会関係資本を認識することができる。他にも，カルビーがじゃがり校で役員に運営を任せているように，メンバーを巻き込むことができれば互酬性の意識が高まることも期待できよう。ブランド・コミュニティ上の社会関係資本はその特性上，コミュニティのメンバーであれば自由に利用できるとともに，その利用によって減少することがないため，コミュニティを管理するうえでの効率性を高めることにも寄与する。

第３に，社会関係資本を認識してもらうためにもコミュニティへの参加を積極的に促すことが求められることを示した。コミュニティへ参加してもらうなかでコミュニティ知識を蓄えてもらうのである。そのためには，企業からメンバーへの直接的なコミュニケーションを通じてブランドとの関係性を強化するだけではなく，メンバー同士の結びつきを強化するような施策が求められる。ブランド・コミュニティの主役は消費者，すなわちメンバーであり企業ではないということを企業は忘れてはいけない。企業自ら積極的に情報をメンバーに提供するなかで直接的にブランドとの関係性を強化することのみを目指すのではなく，メンバー同士を結びつけるような仕組みづくりが求められている。その際，メンバー間の相互作用の話題を当該ブランドに限定するといった制限をせず，自由にすることが重要である。

●課　題

最後に，本書における課題についても３つほど言及しておきたい。第１に，ブランド・コミュニティの分類の必要性である。本書で行った経験的な調査はすべて，「最もよく閲覧するコミュニティ」を念頭に回答してもらったものである。それゆえ，調査回答者が回答時に念頭に置いたコミュニティがいかなるプラットフォーム（たとえば，Facebook や２ちゃんねる）上に存在するか，あるいはどのブランドのコミュニティかを区別せずに分析したが，今後の研究ではそれらを明確に区別したうえで分析することが求められる。プラットフォームやブランドが有する特徴がコミュニティやメンバーに与える影響も見過ごすべきではないためである（池尾 2003; 岸谷 2013）。しかし，個別のブランドを検討していくことには限界がある。それゆえ，コミュニティを何らかの意味のある軸を用いて分類し，各グループごとに分析していくことで，ブランド・コミュニティを深く理解することが必要になろう。

第2に，コミュニティだけではなくメンバーの分類も行う必要がある。ネット上のブランド・コミュニティには数多くのメンバーが参加している。ブランド・コミュニティのメンバーは，当該ブランドを好んでいるという点を除けば多様性に富んでいることを考慮すると，すべてのメンバーを同質的に扱いながらコミュニティを管理することは効果的とはいえないだろう。そこで，何かしらの意味のある軸を用いてメンバーを分類することができれば，企業は各メンバーに対してより効果的な施策を行うことが期待できる。

第3に，規範の影響をより精緻に検討していくことが求められる。第9章での分析では，規範からブランド・コミットメントへの直接的な影響を想定した結果，有意な影響は見られなかった。今後は，規範意識を抱くメンバーが，それをどのように受け止めているのか（肯定的・中立的・否定的）といった意識変化を介した影響を検討していく必要がある。また，規範がブランドとの関係性に及ぼす影響だけではなく，メンバー同士の関係性に与える影響も確認していく必要がある。

以上，今後の研究においては，ここで挙げた課題を解決することでブランド・コミュニティ研究がさらに進展すると考えられる。

あとがき

本書はブランド・コミュニティを消費者行動の観点からまとめた書である。そのベースとなったのは，関西大学大学院商学研究科での博士論文である。ただし，博士論文が全５章の２部構成であったことを考えると，全９章の３部構成である本書は博士論文とは別物となっている（はじめに・おわりには除く）。追加点は，コミュニティ研究のレビュー，じゃがり校のケーススタディ，そして第Ⅱ部での定量的調査である。他にも，方法論に関するより丁寧な議論や最終章でのモデルの修正や分析をやり直す等，大幅な加筆修正を行っている。

筆者がブランド・コミュニティに関心を抱くようになったのは修士課程に進学してからである。もともと，異なるテーマで修士論文を書く予定だったが，具体的な問題意識が持てないまま修士課程の１年が終わりかけた。その時期にブランド・コミュニティに関する論文を読み，そのテーマの興味深さに心打たれた。それ以降継続してブランド・コミュニティに関する研究を行ってきた。そのなかで，多くの先生にお世話になった。

まず，関西大学大学院で指導教授として基礎からご指導をしていただいた陶山計介先生（関西大学）に感謝申し上げたい。商学関係とは異なる学部を卒業し，マーケティングについての理解も浅かった私を快く大学院ゼミに受け入れていただき，懇切丁寧にご指導していただいた。ブランド論の第一人者である陶山先生からのご指導がなければ本書を執筆することはできなかった。「仕事が早いのはいいが，もっと考えを深めること」という言葉がなければ，量だけに注目した，質を考慮しない研究ばかりを行っていただろう。

川上智子先生（早稲田大学ビジネススクール）にも感謝申し上げたい。私が博士課程の院生だった頃，講義を通じて研究に対するさまざまなアドバイスをいただいた。定性的調査と定量的調査を組み合わせた本書を書き上げることができたのは，「どちらの手法からもアプローチできる研究者になるべき」という先生のご指導があったおかげである。

また，陶山ゼミの，鈴木雄也先生（大阪産業大学），後藤こず恵先生（流通科学大学），大田謙一郎先生（長崎県立大学），喜村仁詞先生（高知大学）にも感謝申し上げたい。鈴木先生には共同研究を通じて研究の進め方を，後藤先生には院生時代に加え，流通科学大学では先輩教員としてもさまざまな場面でご指導いただいている。大田先生には定量的な分析の仕方や解釈を基礎からご指導いただき，喜村先生には博士論文，そして本書の原稿にも目を通していただき，さまざまなコメントをいただいた。

現在筆者が所属する流通科学大学の先生方にも感謝申し上げたい。流通科学大学にはマーケティングを専門とする先生が多く在籍しており，先生方と研究や講義に関する話をしていくなかで，さまざまな学びやアイデアを得られている。方法論の大切さを再認識できたのはそのおかげである。

出版に際しては，株式会社中央経済社学術書編集部編集次長の浜田匡氏に，数多くのアドバイスや丁寧な校正をしていただいた。本書は，流通科学大学の出版助成（2019年度）を受けて出版されたものである。また，第6章と第7章で用いたデータは公益財団法人吉田秀雄記念事業財団の研究助成（平成25年度），第9章で用いたデータは科学研究費助成事業（JSPS 若手研究18K12884）の助成を受けたものである。ここに記して感謝の意を表す。

最後に，妻の裕子に最も感謝している。学部生のとき，彼女から大学院への進学を勧められなければ私が研究者になることはなかった。研究者になるまで，そして研究者になってからもさまざまな場面で支えてくれている。息子の真司からは毎日元気をもらっている。真司が生まれてからは生活リズムが変わり大変なことも多いが，彼の笑顔を見るだけで幸せになれる。父の実，母の美和子にも感謝している。大学院へ進学し，なかなか就職しない私を見守ってくれた。本書がお世話になった方々への恩返しに少しでもなることを祈る。

2019年5月　神戸にて

羽藤　雅彦

参考文献

Aaker, David A.(1991), *Managing Brand Equity-Capitalizing on the Value of a Brand Name*, Free Press.(陶山計介・中田善啓・尾崎久仁博・小林哲 (1994)『ブランド・エクイティ戦略：競争優位を作り出す名前，シンボル，スローガン』，ダイヤモンド社。)

Aaker, David A.(1996), *Building Strong Brands*, Free Press.(陶山計介・小林哲・梅本春夫・石垣智徳 (1997)『ブランド優位の戦略：顧客を創造するBIの開発と実践』，ダイヤモンド社。)

Aaker, David A.(2014), *Aaker on Branding:20 Principles That Drive Success*, Morgan James Publishing.(阿久津聡 (2014)『ブランド論：無形の差別化を作る20の基本原則』，ダイヤモンド社。)

Aaker, David A. and Erich Joachimsthaler(2000), *Brand Leadership*, London, Free Press.(阿久津聡 (2000)『ブランド・リーダーシップ：「見えない企業資産」の構築』，ダイヤモンド社。)

Aaker, Jennifer L.(1997), "Dimensions of Brand Personality," *Journal of Marketing Research*, 34(3), 347-357.

Adjei, Mavis T., Stephanie M. Noble and Charles H. Noble(2010), "The Influence of C2C Communications in Online Brand Communities on Customer Purchase Behavior," *Journal of the Academy of Marketing Science*, 38(5), 634-653.

Adler, Paul S. and Seok-Woo Kwon(2002), "Social Capital:Prospects for a New Concept," *Academy of Management Review*, 27(1), 17-40.

Aggarwal, Pankaj(2004), "The Effects of Brand Relationship Norms on Consumer Attitudes and Behavior," *Journal of Consumer Research*, 31(1), 87-101.

Aggarwal, Pankaj and Sharmistha Law(2005), "Role of Relationship Norms in Processing Brand Information," *Journal of Consumer Research*, 32(3), 453-464.

Ajzen, Icek(1991), "The Theory of Planned Behavior," *Organizational Behavior and Human Decision Processes*, 50(2), 179-211.

Algesheimer, Rene, Utpal M. Dholakia and Andreas Herrmann(2005), "The Social Influence of Brand Community, Evident from European Car Clubs," *Journal of Marketing*, 69(3), 19-34.

Amine, Abdelmajid and Lionel Sitz(2004), "How Does a Virtual Brand Community Emerge? Some Implications for Marketing Research," *Marketing: Where Science Meets Practice*, Esomar Conference, Warsaw.

Andaleeb, Syed S.(1992), "The Trust Concept:Research Issues for Channel of Distribution," *Research in Marketing*, 11, 1-34.

Anderson, Benedict(1983), *Imagined Communities: Reflections on the Origin and Spread of Nationalism*, The Thetford Press.(白石隆・白石さや (2007)『定本 想像の共同体：ナショナリズムの起源と流行』，書籍工房早山。)

Anderson, Poul H.(2005), "Relationship Marketing and Brand Involvement of Professionals through Web-Enhances Brand Communities," *Industrial Marketing Management*, 34(1), 39-51.

Anderson, James C. and David W. Gerbing(1988), "Structural Equation Modeling in Practice: A Review and Recommended Two-Step Approach," *Psychological Bulletin*, 103(3), 411-423.

Anderson, James C. and James A. Narus(1990), "A Model of Distributor Firm and Manufacturer Firm Working Partnerships," *Journal of Marketing*, 54(1), 42-58.

Arnould, Eric J. and Linda L. Price(1993), "River Magic: Extraordinary Experience and the Extended Service Encounter," *Journal of Consumer Research*, 20(1), 24-45.

Arrow, J. Kenneth(1999), "Observation on Social Capital," Partha Dasgupta and Ismail Serageldin(eds.), *Social Capital: A Multifaceted Perspective*, World Bank.

Ashworth, Laurence, Peter Dacin and Matthew Thomson(2009), "Why on Earth Do Consumers Have Relationships with Marketers: Toward Understanding the Functions of Relationships," Joseph Priester, Deborah MacInnis and C. Whan Park(eds.), *The Handbook of Brand Relationships*, M. E. Sharpe, Inc.

Bagozzi, Richard P. and Utpal M. Dholakia(2002), "Intentional Social Action in Virtual Communities," *Journal of Interactive Marketing*, 16(2), 2-21.

Bagozzi, Richard P. and Utpal M. Dholakia(2006), "Antecedents and Purchase Consequences of Customer Participation in Small Group Brand Communities," *International Journal of Research in Marketing*, 23(1), 45-61.

Bagozzi, Richard P., Utpal M. Dholakia and Lisa R. Klein Pearo(2007), "Antecedents and Consequences of Online Social Interactions," *Media Psychology*, 9(1), 77-114.

Bagozzi, Richard P. and Youjae Yi(1988), "On the Evaluation of Structural Equation Models," *Journal of the Academy of Marketing Science*, 16(1), 74-94.

Barber, Bernard(1983), *The Logic and Limit of Trust*, Rutgers University Press.

Baron, Reuben M. and David A. Kenny(1986), "The Moderator-Mediator Variable Distinction in Social Psychological Research: Conceptual, Strategic, and Statistical Considerations," *Journal of Personality and Social Psychology*, 51(6), 1173-1182.

Batra, Rajeev, Aaron Ahuvia and Richard P. Bagozzi(2012), "Brand Love," *Journal of Marketing*, 76(2), 1-16.

Beem, Christopher (1999), *The Necessity of Politics: Reclaiming American Public Life*, University of Chicago Press.

Berger, Jonah (2016), *Invisible Influence*, Simon & Schuster.(吉井智津 (2016)『インビジブル・インフルエンス』, 東洋館。)

Bell, Colin and Howard Newby (1972), *Community Studies: An Introduction to the Sociology of the Local Community*, New York: Praeger Publishers.

Belk, Russell W. (1988), "Possessions and the Extended Self," *Journal of Consumer Research*, 15(2), 139-168.

Belk, Russell W., Eileen Fischer and Rovert V. Kozinets (2013), *Qualitative Consumer and Marketing Research*, Sage Publications Ltd.(松井剛 (2016)『消費者理解のための定性的マーケティング・リサーチ』, 碩学舎。)

Bender, Thomas (1978), *Community and Social Change in America*, New Brunswick, NJ: Rutgers University Press.

Bennett, Peter D. (1995), *AMA Dictionary of Marketing Terms*, McGraw-Hill.

Bernard, Jessie (1973), *The Sociology of Community: Introduction to Modern Society Series*, Scott, Foresman and Company.

Berry, Leonard L. (1983), "Relationship Marketing," Leonard L. Berry, G. Lynn Shostack and Gregory D. Upah (eds.), *Emerging Perspectives on Services Marketing*, American Marketing Associations.

Boorstin, Daniel J. (1973), *The Americans: The Democratic Experience*, Random House.

Bourdieu, Pieere (1986), "The Forms of Capital," John C. Richardson (ed.), *Handbook of Theory and Research for the Sociology of Education*, Greenwood.

Brakus, J. Joško, Bernd H. Schmitt and Lia Zarantonello (2009), "Brand Experience: What Is It? How Is It Measured? Does It Affect Loyalty?," *Journal of Marketing*, 73(3), 52-68.

Brodie Roderic J., Ana Ilic, Biljana Juric and Linda Hollebeek (2013), "Consumer Engagement in a Virtual Brand Community: An Exploratory Analysis," *Journal of Business Research*, 66(1), 105-114.

Brown, Rupert (1988), *Group Processes: Dynamics within and between Groups*, Basil Blackwell.(黒川正流・橋口捷久・坂田桐子 (1993)『グループ・プロセス：集団内行動と集団間行動』, 北大路書房。)

Brown, J. Seely and Paul Duguid (2001), "Knowledge and Organization: A Social-Practice Perspective," *Organization Science*, 12(2), 198-213.

Burt, Ronald S. (2001), "Structural Holes versus Network Closure as Social Capital," Nan Lin, Karen Cook and Ronald Burt (eds.), *Social Capital: Theory and Research*, Aldine de Gruyter.

Carlson, Brad D., Tracy A. Suter and Tom J. Brown (2008), "Social versus Psychological Brand Community: The Role of Psychological Sense of Brand Community," *Journal of Business Research*, 61 (4), 284-291.

Casablanca, Luca (2011), *Integration in the Brand Community: A Model to Apple Users*, LAMBERT Academic Publishing.

Casaló, Luis V., Carlos Flavián and Miguel Guinalíu (2008), "Promoting Consumer's Participation in Virtual Brand Communities: A New Paradigm in Branding Strategy," *Journal of Marketing Communications*, 14 (1), 19-36.

Castells, Manuel (2001), *The Internet Galaxy*, Oxford University Press.

Chan, Kimmy Wa and Stella Yiyan Li (2010), "Understanding Consumer-to-Consumer Interactions in Virtual Communities: The Salience of Reciprocity," *Journal of Business Research*, 63 (9/10), 1033-1040.

Chaudhuri, Arjun and Morris B. Holbrook (2001), "The Chain of Effects from Brand Trust and Brand Affect to Brand Performance: The Role of Brand Loyalty," *Journal of Marketing*, 65 (2), 81-93.

Cherny, Lynn (1999), *Conversation and Community*, CSLI Publications.

Cialdini, Robert B, Carl A. Kallgren and Raymond R. Reno (1991), "A Focus Theory of Normative Conduct: A Theoretical Refinement and Reevaluation of the Role of Norms in Human Behavior," *Advances in Experimental Social Psychology*, 24, 201-234.

Clark, Margaret S. and Judson Mills (1993), "The Difference between Communal and Exchange Relationships: What It Is and Is Not," *Personality and Social Psychologybulletin*, 19 (6), 684-691.

Cohen, Anthony P. (1985), *The Symbolic Construction of Community*, Ellis Horwood Limited.（吉瀬雄一（2005）『コミュニティは創られる』，八千代出版。）

Cole, George Duglas Howard (1920), *Social Theory*, New York, Frederick A. Stokes Company.

Coleman, James S. (1988), "Social Capital in the Creation of Human Capital," *American Journal of Sociology*, 94, 95-120.（野沢慎司（2006）『リーディングスネットワーク論：家族・コミュニティ・社会関係資本』，勁草書房。）

Coulter, Robin A., Linda Price and Lawrence Feick (2003), "Rethinking the Origins of Involvement and Brand Commitment: Insights from Postsocialist Central Europe," *Journal of Consumer Research*, 30 (2), 151-169.

Cova, Bernard (1997), "Community and Consumption: Towards a Definition of the Linking Value of Product of Services," *European Journal of Marketing*, 31 (3/4), 297-316.

Cova, Bernard, Stefano Pace and David J. Park (2007), "Global Brand Communities across Borders: The Warhammer Case," *International Marketing Review*, 24(3), 313-329.

Cross, Richard H. and Janet Smith (1995), *Customer Bonding*, NTC Business Books.

Dahl, Robert A. (1961), *Who Governs?: Democracy and Power in an American City*, Yale University Press.

De Almeida, Stefânia Ordovás and Utpal M. Dholakia (2007), "Processes and Outcomes of Consumer Interactions within Brand Communities," *Advances in Consumer Research*, 34, 644.

Delanty, Gerard (2003), *Community*, Routledge. (山内靖・伊藤茂 (2006)『コミュニティ：グローバル化と社会理論の変容』, NTT 出版。)

Dholakia, Utpal M., Richard P. Bagozzi and Lisa Klein Pearo (2004), "A Social Influence Model of Consumer Participation in Network- and Small-Group-Based Virtual Communities," *International Journal of Research in Marketing*, 21(3), 241-263.

Douglas, Susan P. and C. Samuel Craig (1983), *International Marketing Research*, Englewood Cliffs. NJ: Prentice-Hall.

Douglas, Mary and Baron Isherwood (1979), *The World of Goods: Towards an Anthropology of Consumption London*, Allen Lane. (浅田彰・佐和隆光 (2012)『儀礼としての消費：財と消費の経済人類学』, 講談社。)

Duncan, Tom and Sandra Moriarty (1997), *Driving Brand Value*, McGraw-Hill. (有賀勝 (1999)『ブランド価値を高める統合型マーケティング戦略』, ダイヤモンド社。)

Eisenhardt, Kathleen M. (1989), "Building Theories from Case Study Research," *The Academy of Management Review*, 14(4), 532-550.

Elliott, Francis E. and Mabel A. Merrill (1950), *Social Disorganization*, Harper & Row.

Escalas, Jennifer Edson and James R. Bettman (2003), "You Are What They Eat: The Influence of Reference Groups on Consumers' Connections to Brands," *Journal of Consumer Psychology*, 13(3), 339-348.

Escalas, Jennifer Edson and James R. Bettman (2005), "Self-Construal, Reference Groups, and Brand Meaning," *Journal of Consumer Research*, 32(3), 378-389.

Escalas, Jennifer Edson and James R. Bettman (2009), "Self-Brand Connections: The Role of Reference Groups and Celebrity Endorsers in the Creation of Brand Meaning," Deborah J. MacInnis, C. Whan Park and Joseph W. Priester (eds.), *Handbook of Brand Relationships*, M.E. Sharpe, Inc.

Etzioni, Amitai (1996), "The Responsive Community: A Communitarian Perspective," *American Sociological Review*, 61(1), 1-11.

Evans, Nancy J. and Paul A. Jarvis (1980), "Group Cohesion: A Review and Reevaluation," *Small Group Behavior*, 11 (4), 359-370.

Feather, Norman T. and Rebecca Sherman (2002), "Envy, Resentment, Schadenfreude, and Sympathy: Reactions to Deserved and Underserved Achievement and Subsequent Failure," *Personality and Social Psychology Bulletin*, 28 (7), 953-961.

Ferguson, Charles K. and Harold H. Kelly (1964), "Significant Factors in Overvaluation of Own-Group's Products," *Journal of Abnormal and Social Psychology*, 69, 223-228.

Fischer, Claude S. (1982), *To Dwell among Friends: Personal Networks in Town and City*, Chicago: University of Chicago Press.（松本康・前田尚子（2002）『友人のあいだで暮らす：北カリフォルニアのパーソナル・ネットワーク』，未来社。）

Fishbein, Martin and Icek Ajzen (1975), *Belief, Attitude, Intention, and Behavior: An Introduction to Theory and Research*, Reading, MA: Addison-Wesley.

Fiske, Alan P. (1992), "The Four Elementary Forms of Sociality: Framework for a Unified Theory of Social Relations," *Psychological Review*, 99 (4), 689-723.

Flick, Uwe (2007), *Qualitative Sozialforschung*, Reinbek bei Hamburg.（小田博志・山本則子・春日常・宮地尚子（2011）『新版 質的研究入門：人間の科学のための方法論』，春秋社。）

Fornell, Claes and David F. Larcker (1981), "Evaluating Structural Equation Models with Unobservable Variables and Measurement Error," *Journal of Marketing Research*, 18 (1), 39-50.

Fournier, Susan (1998), "Consumers and Their Brands: Developing Relationship Theory in Consumer Research," *Journal of Consumer Research*, 24 (4), 343-373.

Fournier, Susan (2009), "Lessons Learned about Consumer's Relationships with Their Brands," Deborah J. MacInnis, C. Whan Park and Joseph W. Priester (eds.), *Handbook of Brand Relationships*, M. E. Sharpe Inc.

Fournier, Susan, Michael Breazeale and Jill Avery (2015), *Strong Brands, Strong Relationships*, Routledge.

Fournier, Susan, Michael Breazeale and Marc Fetscherin (2012), *Consumer-Brand Relationships: Theory and Practice*, Routledge.

Fraering, Martin and Michael S. Minor (2006), "Sense of Community: An Exploratory Study of US Consumers of Financial Services," *International Journal of Bank Marketing*, 24 (5), 284-306.

Friedman, Monroe, Pirt V. Abeele and Koen De Vos (1993), "Boorstin's Consumption Community Concept: A Tale of Two Countries," *Journal of Consumer Policy*, 16 (1), 35-60.

Fukuyama, Francis(1995), *Trust:The Social Virtues and the Creation of Prosperity*, New York:Free Press.(加藤寛(1996)『「信」無くば立たず』, 三笠書房。)

Galpin, Charles J.(1915), "The Social Anatomy of an Agricultural Community," *University of Wisconsin Agricultural Experiment Station Bulletin*, 34.

Gans, Herbert J.(1962), "Urbanism and Suburbanism as Ways of Life:A Re-evaluation of Definitions," Arnold M. Rose(ed.), *Human Behavior and Social Processes:An interactionist Approach*, Routledge and Kegan Paul, 625-648.

Giesler, Markus(2006), "Consumer Gift Systems," *Journal of Consumer Research*, 33(2), 283-290.

Gilliland, David I. and Daniel C. Bello(2002), "Two Sides to Attitudinal Commitment:The Effect of Calculative and Loyalty Commitment on Enforcement Mechanisms in Distribution Channels," *Journal of the Academy of Marketing Science*, 30(1), 24-43.

Ginsberg, Morris(1947), *Reason and Unreason in Society*, William Heinemann LTD.

Goodwin, Cathy(1996), "Community as a Dimension of Service Relationships," *Journal of Consumer Psychology*, 5(4), 387-415.

Gouldner, Alvin W.(1960), "The Norm of Reciprocity:A Preliminary Statement," *American Sociological Review*, 25(2), 161-178.

Granovetter, Mark S.(1973), "The Strength of Weak Ties," *American Journal of Sociology*, 78(6), 1360-1380.

Grönroos, Christian(1994), "From Marketing Mix to Relationship Marketing: Towards a Paradigm Shift in Marketing," *Management Decision*, 32(2), 4-20.

Grönroos, Christian(2007), *Service Management and Marketing:Customer Management in Service Competition 3rd ed.*, Wiley.(近藤宏一・蒲生智哉(2013)『北欧型サービス志向のマネジメント―競争を生き抜くマーケティングの新潮流』, ミネルヴァ書房。)

Gruen, Thomas W., John O. Summers and Frank Acito(2000), "Relationship Marketing Activities, Commitment, and Membership Behaviors in Professional Associations," *Journal of Marketing*, 64(3), 34-49.

Gummerus, Johanna, Veronica Liljander, Emil Weman and Minna Pihlström(2012), "Customer Engagement in a Facebook Brand Community," *Management Research Review*, 35(9), 857-877.

Gusfield, Joseph(1978), *Community:A Critical Response*, New York:Harper & Row.

Habibi, Mahammad R., Michel Laroche and Marie-Odile Richard(2014), "Brand Communities Based in Social Media:How Unique are They? Evidence from Two Exemplary Brand Communities," *International Journal of Information Management*, 34(2), 123-132.

Hair, Joseph F., William C. Black, Barry J. Babin and Rolph E. Anderson(2013), *Multivariate Data Analysis:Pearson New International Edition 7th ed.*, Pearson Education Limited.

Hanifan, Lyda J.(1916), "The Rural School Community Center," *Annals of the American Academy of Political and Social Science*, 67, 130-138.

Håkansson, Håkan and Ivan Snehota(1995), *Developing Relationships in Business Networks*, London:Routledge.

Harper, Ernest B. and Arthur Dunham(1959), "The Nature of the Community," Ernest B. Harper and Arthur Dunham(eds.), *Community Organization in Action*, Association Press.

Heere, Bob, Matthew Walker, Masayuki Yoshida, Yong Jae Ko, Jeremy S. Jordan and Jeffrey D. James(2011), "Brand Community Development through Associated Communities:Grounding Community Measurement within Social Identity Theory," *Journal of Marketing Theory and Practice*, 19(4), 407-422.

Heinrich, Daniel, Carmen-Maria Albrecht and Hans H. Bauer(2012), "Love Actually? Measuring, and Exploring Consumers' Brand Love," Susan Fournier, Michael Breazeale and Marc Fetscherin(eds.), *Consumer-Brand Relationships:Theory and Practice*, Routledge.

Hickman, Thomas and James Ward(2007), "The Dark Side of Brand Community: Inter-Group Stereotyping, Trash Talk, and Schadenfreude," *Advances in Consumer Research*, 34, 314-319.

Hillery, George A. Jr.(1955), "Definitions of Community:Areas of Agreement," *Rural Sociology*, 20, 111-123.

Hogg, Michael A. and Dominic Abrams(1988), *Social Identifications:A Social Psychology of Intergroup Relations and Group Processes*, Routledge.(吉本護・野村泰代（1995）『社会的アイデンティティ理論：新しい社会心理学体系化のための一般理論』，北大路書房。)

Hollenbeck, Candice R. and George M. Zinkhan(2006), "Consumer Activism on the Internet:The Role of Anti-Brand Communities," *Advances in Consumer Research*, 33(1), 479-485.

Hollenbeck, Candice R. and George M. Zinkhan(2010), "Anti-Brand Communities, Negotiation of Brand Meaning, and the Learning Process:The Case of Wal-Mart," *Consumption Markets and Culture*, 13(3), 325-345.

Hung, Kineta H. and Stella Y. Li(2007), "The Influence of eWOM on Virtual Consumer Communities:Social Capital, Consumer Learning, and Behavioral Outcomes," *Journal of Advertising Research*, 47(4), 485-495.

Hunter, Floyd(1963), *Community Power Structure:A Study of Decision Makers*, The

University of North Carolina Press.

Hur, Won-Moo, Kwang-Ho Ahn and Minsung Kim(2011), "Building Brand Loyalty through Managing Brand Community Commitment," *Management Decision*, 49(7), 1194-1213.

Jacoby, Jacob and Robert W. Chestnut(1978), *Brand Loyalty:Measurement and Management*, John Wiley & Sons.

Jap, Sandy D. and Shankar Ganesan(2000), "Control Mechanisms and the Relationship Life Cycle:Implications for Safeguarding Specific Investments and Developing Commitment," *Journal of Marketing Research*, 37(2), 227-245.

Kapferer, Jean N.(1992), *Strategic Brand Management:New Approaches to Creating and Evaluating Brand Equity*, Free Press, New York, NY and Kogan Page, London.

Kassarjian, Harold H.(1977), "Content Analysis in Consumer Research," *Journal of Consumer Research*, 4(1), 8-18.

Keller, Kevin L.(1993), "Conceptualizing, Measuring, Managing Customer-Based Brand Equity," *Journal of Marketing*, 57(1), 1-22.

Keller, Kevin L.(1998), *Strategic Brand Management:Building, Measuring, and Managing Brand Equity*, Prentice-Hall.(恩蔵直人・亀井昭宏(2000)『戦略的ブランド・マネジメント』,東急エージェンシー。)

Keller, Kevin L.(2008), *Strategic Brand Management:Building, Measuring, and Managing Brand Equity 3rd ed.*, Prentice-Hall.(恩蔵直人(2010)『戦略的ブランド・マネジメント 第3版』,東急エージェンシー。)

Keller, Ed and Brad Fay(2012), *The Face-to-Face Book:Why Real Relationships Rule in a Digital Marketplace*, Free Press.(澁谷覚・久保田進彦・須永努(2016)『フェイス・トゥ・フェイス・ブック:クチコミ・マーケティングの効果を最大限に高める秘訣』,有斐閣。)

Kim, Jooyoung, Jon D. Morris and Joffre Swait(2008), "Antecedents of True Brand Loyalty," *Journal of Advertising*, 37(2), 99-117.

Knack, Stephen and Philip Keefer(1997), "Does Social Capital Have and Economic Payoff? Cross-County Investigation," *Quarterly Journal of Economics*, 112(4), 1251-1288.

Kolbe, Richard H. and Burnett S. Melissa(1991), "Content-Analysis Research:An Examination of Applications with Directives for Improving Research Reliability and Objectivity," *Journal of Consumer Research*, 18(2), 243-250.

Kozinets, Robert V.(1997), " 'I Want to Believe':A Netnography of The X-Philes' Subculture of Consumption," *Advances in Consumer Research*, 24(1), 470-475.

Kozinets, Robert V.(1999), "E-tribalized Marketing?:The Strategic Implications of

Virtual Communities of Consumption," *European Management Journal*, 17(3), 252-264.

Kozinets, Robert V.(2002), "The Field Behind the Screen:Using Netnography for Marketing Research in Online Communities," *Journal of Marketing Research*, 39(1), 61-72.

Kozinets, Robert V.(2010), *Netnography*, Sage Publications Ltd.

Kuo, Ying-Feng and Lien-Hui Feng(2013), "Relationships among Community Interaction Characteristics, Perceived Benefits, Community Commitment, and Oppositional Brand Loyalty in Online Brand Communities," *International Journal of Information Management*, 33(6), 948-962.

Lee, Davis and Howard Newby(1983), *The Problem of Sociology*, Routledge.

Lee, Fion S. L., Douglas Vogel and Moez Limayem(2003), "Virtual Community Informatics:A Review and Research Agenda," *Journal of Information Technology Theory and Application*, 5(1), 47-61.

Levitt, Theodore(1983), "After the Sale is Over...," *Harvard Business Review*, 61(1), 87-93.

Lin, Nan(2001), Social Capital:*A Theory of Social Structure and Action*, Cambridge University Press.(筒井淳也・石田光規・桜井政成・三輪哲・土岐智賀子 (2008)『ソーシャル・キャピタル：社会構造と行為の理論』，ミネルヴァ書房。)

Liu, Yong(2006), "Word of Mouth for Movies:Its Dynamics and Impact on Box Office Revenue," *Journal of Marketing*, 70(3), 74-89.

MacInnis, Deborah J., C. Whan Park and Joseph W. Priester(2009), *Handbook of Brand Relationships*, M. E. Sharpe Inc.

MacIver, Robert M.(1917), *Community:A Sociological Study*, McMillan and Co., Limited.(中久郎・松本通晴 (1975)『コミュニティ』，ミネルヴァ書房。)

MacIver, Robert M. and Charles H. Page(1952), *Society*, McMillan and Co., Limited.

Maffesoli, Michel(1996), *The Time of the Tribes*, SAGE Publications.

Mahajan, Vijay, Vithala R. Rao, and Rajendra K. Srivastava(1994), "An Approach to Assess the Importance of Brand Equity in Acquisition Decisions," *Journal of Product Innovation Management*, 11(3), 221-235.

Marques, Jose M., Vincent Y. Yzerbyt and Jacques-Philippe Leyens(1988), "The "Black Sheep Effect":Extremity of Judgments towards Ingroup Members as a Function of Group Identification," *European Journal of Social Psychology*, 18(1), 1-16.

Marzocchi, Gianluca, Gabriele Morandin and Massimo Bergami(2013), "Brand Communities:Loyal to the Community or the Brand?," *European Journal of Marketing*, 47(1/2), 93-114.

Mathwick, Charla(2002), "Understanding the Online Consumer:A Typology of Online Relational Norms and Behavior," *Journal of Interactive Marketing*, 16(1), 40-55.

Mathwick, Charla, Caroline Wiertz and Ko de Ruyter(2008), "Social Capital Production in a Virtual P3 Community," *Journal of Consumer Research*, 34(6), 832-849.

Matzler, Kurt, Elisabeth Pichler, Johann Füller and Todd A. Mooradian(2011), "Personality, Person-Brand Fit, and Brand Community:An Investigation of Individuals, Brands, and Brand Communities," *Journal of Marketing Management*, 27(9-10), 874-890.

McAlexander, James H., Stephen K. Kim and Scott D. Roberts(2003), "Loyalty:The Influences of Satisfaction and Brand Community Integration," *Journal of Marketing Theory*, 11(4), 1-11.

McAlexander, James H., John W. Schouten and Harold F. Koenig(2002), "Building Brand Community," *Journal of Marketing*, 66(1), 38-54.

Mcgrath, Mary Ann and John F. Sherry Jr.(1993), "An Ethnographic Study of an Urban Periodic Marketplace:Lessons from the Midville Farmers' Market," *Journal of Retailing*, 69(3), 280-319.

McKenna, Regis(1991), "Marketing Is Everything," *Harvard Business Review*, 69(1), 65-79.

McMillan, David W. and David M. Chavis(1986), "Sense of Community:A Definition and Theory," *Journal of Community Psychology*, 14(1), 6-23.

Mills, Judson and Margaret S. Clark(1982), "Exchange and Communal Relationships," *Personality and Social Psychology*, 3, Ladd Wheeler(ed.), Beverly Hills:Sage Publications.

Mohr, Jakki J. and Ravipsreet S. Sohi(1995), "Communication Flows in Distribution Channels:Impact on Assessments of Communications Quality and Satisfaction," *Journal of Retailing*, 71(4), 393-416.

Mohr, Jakki and Robert Spekman(1994), "Characteristics of Partnership Success:Partnership Attributes, Communication Behavior, and Conflict Resolution Techniques," *Strategic Management Journal*, 15(2), 135-152.

Möller, Kristian and Aino Halinen(2000), "Relationship Marketing Theory:Its Roots and Direction," *Journal of Marketing Management*, 16(1-3), 29-54.

Moorman, Christine, Gerald Zaltman and Rohit Deshpandé(1992), "Relationships between Providers and Users of Market Research:The Dynamics of Trust within and Between Organizations," *Journal of Marketing Research*, 29(3), 314-328.

Moorthy, Sridhar, Brian T. Ratchford and Debabrata Talukdar(1997), "Consumer Information Search Revisited:Theory and Empirical Analysis," *Journal of Consumer Research*, 23(4), 263-277.

Moran, Edward and Francois Gossieaux(2010), "Marketing in a Hyper-Social World:The Tribalization of Business Study and Characteristics of Successful Online Communities," *Journal of Advertising Research*, 50(3), 232-239.

Morgan, Robert M. and Shellby D. Hunt(1994), "The Commitment-Trust Theory of Relationship Marketing," *Journal of Marketing*, 58(3), 20-38.

Muniz, Albert M. Jr. and Lawrence O. Hamer(2001), "Us versus Them:Oppositional Brand Loyalty and the Cola Wars," *Advances in Consumer Research*, 28, 355-361.

Muniz, Albert M. Jr. and Thomas C. O'Guinn(1996), "Brand Community and the Sociology of Brands," *Advances in Consumer Research*, 23, 265.

Muniz, Albert M. Jr. and Thomas C. O'Guinn(2001), "Brand Community," *Journal of Consumer Research*, 27(4), 412-432.

Muniz, Albert M. Jr. and Hope J. Schau(2005), "Religiosity in the Abandoned Apple Newton Brand Community," *Journal of Consumer Research*, 31(4), 737-747.

Munnukka, Juha, Heikki Karjaluoto and Anna Tikkanen(2015), "Are Facebook Brand Community Members Truly Loyal to The Brand?," *Computers in Human Behavior*, 51, 429-439.

Newton, Kenneth(1997), "Social Capital and Democracy," *American Behavioral Scientist*, 40(5), 575-589.

Nicholson, John H.(1961), *New Communities in Britain:Achievements and Problems*, National Council of Social Service.

Odin, Yorick, Nathalie Odin and Pierre Valette-Florence(2001), "Conceptual and Operational Aspects of Brand Loyalty an Empirical Investigation," *Journal of Business Research*, 53(2), 75-84.

O'Guinn, Thomas C. and Albert M. Muniz, Jr.(2009), "Collective Brand Relationships," Deborah J. MacInnis, C. Whan Park and Joseph W. Priester(eds.), *Handbook of Brand Relationships*, M. E. Sharpe Inc.

Oliver, Richard L.(1999), "Whence Consumer Loyalty?," *Journal of Marketing*, 63(special issue), 33-44.(久保田進彦 (2000)「消費者ロイヤルティはどこから？」,『流通情報』, 375, 14-22。)

O'Sullivan, Stephen R., Brenda Richardson and Alan Collins(2011), "How Brand Communities Emerge:The Beamish Conversion Experience," *Journal of Marketing Management*, 27(9-10), 891-912.

Palmatier, Robert W., Rajiv P. Dant, Dhruv Grewal and Kenneth R. Evans(2006),

"Factors Influencing the Effectiveness of Relationship Marketing:A Meta-Analysis," *Journal of Marketing*, 70(4), 136-153.

Palmatier, Robert W., Rajiv P. Dant, and Dhruv Grewal(2007), "A Comparative Longitudinal Analysis of Theoretical Perspectives of Interorganizational Relationship Performance," *Journal of Marketing*, 71(4), 172-194.

Park, Huiju and Hira Cho(2012), "Social Network Online Communities:Information Sources for Apparel Shopping," *Journal of Consumer Marketing*, 29(6), 400-411.

Park, Robert E.(1925), "Community Organization and the Romantic Temper," Robert E. Park and Ernest W. Burgess(eds.), *The City*, University of Chicago Press.(大道安次郎・倉田和四生（1972）『都市』，鹿島研究所出版会。)

Park, Robert E. and Ernest W. Burgess(1921), *Introduction to the Science of Sociology*, The University of Chicago Press.

Park, C. Whan, Deborah J. MacInnis and Joseph R. Priester(2009), "Research Directions on Strong Brand Relationships," Deborah J. MacInnis, Park, C. Whan and Joseph R. Priester(eds.), *Handbook of Brand Relationships*, Society for Consumer Psychology.

Park, C. Whan, Joseph R. Priester, Deborah J. MacInnis and Zhong Wan(2009), "The Connection-Prominence Attachment Model(CPAM):A Conceptual and Methodological Exploration of Brand Attachment," Deborah J. MacInnis, C. Whan Park and Joseph W. Priester(eds.), *Handbook of Brand Relationships*, M. E. Sharpe Inc.

Paxton, Pamela(1999), "Is Social Capital Declining in the United States? A Multiple Indicator Assessment," *American Journal of Sociology*, 105(1), 88-127.

Phillips-Melancon, Joanna and Vassilis Dalakas(2014), "Brand Rivalry and Consumers' Schadenfreude:The Case of Apple," *Services Marketing Quarterly*, 35(2), 173-186.

Pine, Joseph and James H. Gilmore(1999), *The Experience Economy:Work Is Theater & Every Business a Stage*, Harvard Business School Press.(岡本慶一・小高尚子（2009）『[新訳] 経験経済』，ダイヤモンド社。)

Portes, Alejandro(1998), "Social Capital:Its Origins and Applications in Modern Sociology," *Annual Review of Sociology*, 24, 1-24.

Portes, Alejandro and Julia Sensenbrenner(1993), "Embeddedness and Immigration:Notes on the Social Determinants of Economic Action," *American Journal of Sociology*, 98(6), 1320-1350.

Preece, Jenny, Diana Maloney-Krichmar and Chadia Abras(2003), "Online Communities, History of," Karen Christense and Davis Levinson(eds.), *Encyclopedia of Community*, SAGE Publications.

Putnam, Robert D.(1993), *Making Democracy Work:Civic Traditions in Modern Italy*, Princeton Univ. Pr.(河田潤一 (2001)『哲学する民主主義：伝統と改革の市民的構造』, NTT 出版。)

Putnam, Robert D.(2000), *Bowling Alone:The Collapse and Revival of American Community*, Simon & Schuster.(柴内康文 (2006)『孤独なボウリング：米国コミュニティの崩壊と再生』, 柏書房。)

Reichheld, Frederick F.(2003), "The One Number You Need to Grow," *Harvard Business Review*, 81(12), 46-54.

Rheingold, Howard(1993), *The Virtual Community:Homesteading on the Electronic Frontier*, Addison Wesley.

Riffe, Daniel, Stephen Lacy and Frederick G. Fico(1998), *Analyzing Media Messages:Using Content Analysis in Research*, Lawrence Erlbaum Associates.

Romm, Ceha, Nava Pliskin and Rodney Clarke(1997), "Virtual Communities and Society:Toward an Integrative Three Phase Model," *International Journal of Information Management*, 17(4), 261-270.

Sahlins, Marshall(1972), *Stone Age Economics*, Chicago:Aldine.(山内昶 (1984)『石器時代の経済学』, 法政大学出版局。)

Sarason, Seymour B.(1974), *The Psychological Sense of Community:Prospects for a Community Psychology*, San Francisco:Jossey-Bass.

Scarpi, Daniel(2010), "Does Size Matter? An Examination of Small and Large Web-Based Brand Communities," *Journal of Interactive Marketing*, 24(1), 14-21.

Schau, Hope J. and Mary C. Gilly(2003), "We Are What We Post? Self-Presentation in Personal Web Space," *Journal of Consumer Research*, 30(3), 385-404.

Schau, Hope J. and Albert M. Muniz Jr.(2002), "Brand Communities and Personal Identities:Negotiations in Cyberspace," *Advances in Consumer Research*, 29, 344-349.

Schmitt, Bernd(1999), *Experimental Marketing*, The Free Press.(嶋村和恵・広瀬盛一 (2000)『経験価値マーケティング』, ダイヤモンド社。)

Schmitt, Bernd(2003), *Customer Experience Management:A Revolutionary Approach to Connecting with Your Customers*, Wiley.(嶋村和恵 (2004)『経験価値マネジメント』, ダイヤモンド社。)

Schouten, John W. and James H. McAlexander(1995), "Subcultures of Consumption:An Ethnography of the New Bikers," *Journal of Consumer Research*, 22(1), 43-61.

Schudson, Michael(1984), *Advertising, the Uneasy Persuasion*, NewYork:Basic Books.

Shen, Xiao-Liang, Yang-Jun Li, Yongqiang Sun and Yujie Zhou(2018), "Person-

Environment Fit, Commitment, and Customer Contribution in Online Brand Community:A Nonlinear Model," *Journal of Business Research*, 85, 117-126.

Sheth, Jagdish N. and Atul Parvatiyar(1995a), "The Evolution of Relationship Marketing," *International Business Review*, 4(4), 397-418.

Sheth, Jagdish N. and Atul Parvatiyar(1995b), "Relationship Marketing in Consumer Markets:Antecedents and Consequences," *Journal of the Academy of Marketing Science*, 23(4), 255-271.

Sherif, Muzafer(1935), "A Study of Some Social Factors in Perception," *Archives of Psychology*, 27. 1-60.

Stacey, Margaret(1969), "The Myth of Community Studies," *The British Journal of Sociology*, 20(2), 134-147.

Sternberg, Robert J.(1986), "A Triangular Theory of Love," *Psychological Review*, 93(2), 119-135.

Stokburger-Sauer, Nicola(2010), "Brand Community:Drivers and Outcomes," *Psychology and Marketing*, 27(4), 347-368.

Suttles, Gerald D.(1972), *The Social Construction of Communities*, The University of Chicago Press.

Tajfel, Henri(1978), *Differentiation between Social Groups*, London:Academic Press.

Thomas, Tandy C., Linda L. Price and Hope J. Schau(2013), "When Differences Unite:Resource Dependence in Heterogeneous Consumption Communities," *Journal of Consumer Research*, 39(5), 1010-1033.

Thompson, Scott A. and Rajiv K. Sinha(2008), "Brand Communities and New Product Adoption:The Influence and Limits of Oppositional Loyalty," *Journal of Marketing*, 72(6), 65-80.

Thomson, Matthew, Deborah J. MacInnis and C. Whan Park(2005), "The Ties That Bind:Measuring the Strength of Consumers' Emotional Attachments to Brands," *Journal of Consumer Psychology*, 15(1), 77-91.

Tonnies, Ferdinand(1887), *Gemeinschaft und Gesellschaft:Grumdbegriffe der reinen Soziologie*, Wissenschaftliche Buchgesellschaft.(杉之原寿一(1954)『ゲマインシャフトとゲゼルシャフト—純粋社会学の基本概念—』，理想社。)

Trend, David(2001), *Reading Digital Culture*, Wiley-Blackwell.

Tsai, Hsien-Tung, Heng-Chiang Huang and Ya-Ling Chiu(2012), "Brand Community Participation in Taiwan:Examining the Roles of Individual-, Group-, and Relationship-Level Antecedents," *Journal of Business Research*, 65(5), 676-684.

Turner, John C.(1982), "Towards a Cognitive Redefinition of the Social Group," Henri Tajfel(ed.), *Social Identity and Intergroup Relations*, Cambridge University Press.

Turner, John C.(1987), *Rediscovering the Social Group:A Self-Categorization Theory*, Blackwell Pub.

Tylor, Edward B.(1871), *Primitive Culture:Researches into the Development of Mythology, Philosophy, Religion, Art, and Custom*, 2, Murray.

Uphoff, Norman(2000), "Understanding Social Capital:Learning from the Analysis and Experience of Participation," Ismail Serageldin(ed.), *Social Capital:A Multifaceted Perspective*, Washington, DC:World Bank.

Urry, John(2000), *Sociology beyond Societies:Mobilities for the Twenty First Century*, Routledge.(吉原直樹 (2006)『社会を越える社会学：移動・環境・シチズンシップ』，法政大学出版局。)

Uslaner, Eric M.(2002), *The Moral Foundations of Trust*, Cambridge University Press.

Webster, Federick E.(1992), "The Changing Role of Marketing in the Corporation," *Journal of Marketing*, 56(4), 1-17.

Wellman, Barry(1979), "The Community Question:The Intimate Networks of East Yorkers," *American Journal of Sociology*, 84(5), 1201-1231.

Wellman, Barry(2001), "Physical Place and Cyberplace:The Rise of Networked Individualism," *International Journal of Urban and Regional Research*, 25(2), 227-252.

Wenger, Etienne, Richard McDermott and William M. Snyder(2002), *Cultivating Communities of Practice:A Guide to Managing Knowledge*, Harvard Business School Press.

Wilson, David T.(1995), "An Integrated Model of Buyer-Seller Relationships," *Journal of the Academy of Marketing Science*, 23(4), 335-345.

Wirth, Louis(1938), "Urbanism as a Way of Life," *American Journal of Sociology*, 44(1), 1-24.(高橋勇悦 (1978)「生活様式としてのアーバニズム」，鈴木広編『都市化の社会学 増補版』，誠信書房。)

Woisetschläger, David M., Vivian Hartleb and Markus Blut(2008), "How to Make Brand Communities Work:Antecedents and Consequences of Consumer Participation," *Journal of Relationship Marketing*, 7(3), 237-256.

Wright-Isak, Christine(1996), "Special Session Summary Communities of Consumption:A Central Metaphor for Diverse Research," *Advances in Consumer Research*, 23, 265-266.

Yamagishi, Toshio and Midori Yamagishi(1994), "Trust and Commitment in the United States and Japan," *Motivation and Emotion*, 18, 129-166.

Yin, Robert K.(1994), *Case Study Research:Design and Methods 2nd ed.*, SAGE Publications, Inc.(近藤公彦 (2011)『ケース・スタディの方法 第2版』，千倉書

房。)

Yoo, Boonghee, Naveen Donthu and Sungho Lee (2000), "An Examination of Selected Marketing Mix Elements and Brand Equity," *Journal of the Academy of Marketing Science*, 28(2), 195-211.

Zaglia, Melanie E. (2013), "Brand Communities Embedded in Social Networks," *Journal of Business Research*, 66(2), 216-223.

Zak, J. Paul and Stephen Knack (2001), "Trust and Growth," *Economic Journal*, 111(470), 295-321.

Zeithaml, Varalie A., Leonard L. Berry and A. Parasuraman (1996), "The Behavioral Consequences of Service Quality," *Journal of Marketing*, 60(2), 31-46.

Zhao, Xinshu, John G. Lynch Jr. and Qimei Chen (2010), "Reconsidering Baron and Kenny:Myths and Truths about Mediation Analysis," *Journal of Consumer Research*, 37(2), 197-206.

Zhou, Zhimin, Qiyuan Zhang, Chenting Su and Nan Zhou (2012), "How Do Brand Communities Generate Brand Relationships? Intermediate Mechanisms," *Journal of Business Research*, 65(7), 890-895.

青木幸弘（2004）「製品関与とブランド・コミットメント―構成概念の再検討と課題整理―」，阿部周造・新倉貴士編『消費者行動研究の新展開』，千倉書房。

青木幸弘（2006）「ブランド価値のデザイン」，『マーケティング・ジャーナル』，25(4)，17－25。

青木幸弘（2010）『消費者行動の知識』，日本経済新聞社。

青木幸弘（2011）「ブランド研究における近年の展開：価値と関係性の問題を中心に」，『関西学院大学商学論究』，58(4)，43－68。

池尾恭一（2003）「消費者情報源としてのネット・コミュニティ」，池尾恭一編『ネット・コミュニティのマーケティング戦略』，有斐閣。

池田謙一（2000）『コミュニケーション』，東京大学出版会。

池田謙一・柴内康文（1997）「カスタマイズ・メディアと情報の「爆発」」，池田謙一編『ネットワーキング・コミュニティ』，東京大学出版会。

石井淳蔵（1999）「ブランド―メディアとメッセージの交錯―」，石井淳蔵・石原武政編『マーケティング・ダイアログ―意味の場としての市場―』，白桃書房。

石井淳蔵（2002）「コミュニケーション・ツールとしてのインターネット」，石井淳蔵・渥美尚武編『インターネット社会のマーケティング：ネット・コミュニティのデザイン』，有斐閣。

石田光規（2008）「解題」，筒井淳也・石田光規・桜井政成・三輪哲・土岐智賀子『ソーシャル・キャピタル―社会構造と行為の理論』，ミネルヴァ書房。

石原武政（1997）「コミュニティ型小売業の行方」，『経済地理学年報』，43(1)，37－47。

稲葉陽二（2011a）『ソーシャル・キャピタル入門：孤立から絆へ』，中公新書。
稲葉陽二（2011b）「ソーシャル・キャピタルのダークサイド」，稲葉陽二・大守隆・近藤克則・宮田加久子・矢野聡・吉野諒三編『ソーシャル・キャピタルのフロンティア：その到達点と可能性』，ミネルヴァ書房。
稲葉陽二（2016）「定義を巡る議論」，稲葉陽二・吉野諒三編『ソーシャル・キャピタルの世界：学術的有効性・政策的含意と統計・解析手法の検証』，ミネルヴァ書房。
稲葉陽二・松本健士編（2002）『日本経済と信頼の経済学』，東洋経済新報社。
井上淳子（2011）「ブランド・ロイヤルティとブランド・コミットメント」，青木幸弘編『価値共創時代のブランド戦略』，ミネルヴァ書房。
インプレス総合研究所（2018），『電子書籍ビジネス調査報告書2018』，インプレス。
大守隆（2004）「ソーシャル・キャピタルの経済的影響」，宮川公男・大守隆『ソーシャル・キャピタル：現代社会のガバナンスの基礎』，東洋経済新報社。
菅野佐織（2011）「ブランド・リレーションシップ概念の整理と課題」，『駒大経営研究』，42(3/4)，87－113。
岸谷和広（2013）「ソーシャルメディアのプラットフォームとWOM行動に関する探索的研究」，『関西大学商学論集』，58(2)，21－36。
工藤恵理子（2010）「自己」，池田謙一・唐沢穣・工藤恵理子・村本由紀子『社会心理学』，有斐閣。
久保田進彦（2003a）「リレーションシップ・マーケティング研究の再検討」，『流通研究』，6(1)，15-33。
久保田進彦（2003b）「リレーションシップ・マーケティングとブランド・コミュニティ」，『中京商学論叢』，49(2)，197-259。
久保田進彦（2003c）「ブランド・コミュニティの概念とマネジメント」，『流通情報』，403，16-34。
久保田進彦（2009）「派生的エンゲージメントと現代ブランド・コミュニケーション」，『日経広告研究所報』，43(3)，20-27。
久保田進彦（2010）「同一化アプローチによるブランド・リレーションシップの把握」，『広告科学』，52，31-45。
久保田進彦（2012）『リレーションシップ・マーケティング：コミットメント・アプローチによる把握』，有斐閣。
久保田進彦・松本大吾（2010）「ブランド・リレーションシップ研究における同一化アプローチの可能性」，『広告科学』，52，1-14。
斎藤嘉一（2015）『ネットワークと消費者行動』，千倉書房。
坂下昭宣（2004）「エスノグラフィー・ケーススタディ・サーベイリサーチ」，『国民経済雑誌』，190(2)，19-30。
佐藤郁哉（2002）『フィールドワークの技法：問いを育てる，仮説をきたえる』，新曜社。

佐藤郁哉（2006）『フィールドワーク 増訂版：書を持って街へ出よう』，新曜社。
佐藤誠（2003）「社会資本とソーシャル・キャピタル」，『立命館国際研究』，16(1)，1-30。
澁谷覚（2003）「マニア市場の囲い込みとマス市場の取り込み②」，池尾恭一編『ネット・コミュニティのマーケティング戦略』，有斐閣。
陶山計介（2002）「ブランド・ネットワークのマーケティング」，陶山計介・宮崎昭・藤本寿良編『マーケティングネットワーク論』，有斐閣。
陶山計介・梅本春夫（2000）『日本型ブランド優位戦略：「神話」から「アイデンティティ」へ』，ダイヤモンド社。
園田恭一（1978）『現代コミュニティ論』，東京大学出版会。
髙橋広行（2015）「データ収集」，佐藤善信・髙橋広行・徳山美津恵・吉田満梨『ケースで学ぶケーススタディ』，同文舘出版。
田中洋（2017）『ブランド戦略論』，有斐閣。
新倉貴士（2002）「3Cバイアス：ブランド・アイデンティティに与える影響要因」，『商學論究』，49(4)，161-179。
新村出編（2008）『広辞苑　第六版』，岩波書店。
西田宗千佳（2010）『iPad vs. キンドル 日本を巻き込む電子書籍戦争の舞台裏』，エンターブレイン。
畑井佐織（2002）「消費者とブランドの関係性の意義―ブランドの育成と構築の視点から」，『季刊マーケティング・ジャーナル』，22(2)，101-114。
羽藤雅彦（2012）「オピニオン・リーダーによるブランド・コミュニティの強化」，『日経広告研究所報』，263，38-43。
船津衛（2012）「相互作用」，大澤真幸・吉見俊哉・鷲田清一・見田宗介編『現代社会学事典』，弘文堂。
松原治郎（1978）『コミュニティの社会学』，東京大学出版会。
松本康（1995）「現代都市の変容とコミュニティ・ネットワーク」，松本康編『増殖するネットワーク』，勁草書房。
三隅一人（2013）『社会関係資本：理論統合の挑戦』，ミネルヴァ書房。
宮田加久子（1997）「ネットワークと現実世界」，池田謙一編『ネットワーキング・コミュニティ』，東京大学出版会。
宮田加久子（2005）『きずなをつなぐメディア：ネット時代の社会関係資本』，NTT出版。
森田正隆（2003）「製品関与が高い市場での相互作用①：パナソニック・レッツノート」，池尾恭一編『ネット・コミュニティのマーケティング戦略』，有斐閣。
山岸俊男（1998）『信頼の構造：こころと社会の進化ゲーム』，東京大学出版会。
山岸俊男（1999）『安心社会から信頼社会へ：日本型システムの行方』，中公新書。
吉田道雄（2001）『人間理解のためのグループ・ダイナミックス』，ナカニシヤ出版。

和田充夫（2002）『ブランド価値共創』，同文舘出版。
ITmedia eBook USER（2012）「「GALAPAGOS STORE」と「Reader Store」の“蔵書点数”を比べてみた（7月20日編）」（2/2）」（http://ebook.itmedia.co.jp/ebook/articles/1207/20/news111_2.html）2013年2月10日アクセス。
楽天（2012）「消費者庁からの指導について」（http://corp.rakuten.co.jp/news/press/2012/1026_01.html）2013年1月15日アクセス。

索　引

◉英　数

RAM（radical access member）····63
ROM（read only member）·········63

◉あ　行

アンチブランド・コミュニティ·····62
逸脱者·····························65
内集団··························62, 70
エスノグラフィー···············77, 96

◉か　行

開放的（な）ネットワーク····143, 144
関係性（リレーションシップ）······16
儀式と伝統·························48
絆の５段階·························24
規範·············65, 147, 151, 155, 162
境界線······················32, 37, 39
共通の絆····················31, 37, 41
共同的関係············6, 17, 26, 58, 111
クチコミ·········25, 55, 60, 61, 74, 154
クラブ財···························146
経験価値···························20
経験価値マーケティング············20
経験経済···························20
交換的関係············6, 17, 26, 58, 111
交換マーケティング··················4
公共財·····························145
構造的社会関係資本················144
構造的隙間論······················144
コーディング···················80, 83
顧客ベースのブランド・エクイティ
　·································14
顧客ベースのブランド・エクイティ・
　ピラミッド··················15, 25
互酬（性）·········65, 142, 150, 151, 162
個人的アイデンティティ············69
コミットメント················7, 8, 127
コミュニティ··········24, 29, 36, 45, 46
コミュニティ・コミットメント
　·······························55, 65
コミュニティ解放論·················34
コミュニティ感覚············38, 42, 48
コミュニティ喪失論···············33, 34
コミュニティ存続論···············34, 34
コミュニティ知識················94, 115
コミュニティとの同一化
　··············55, 64, 67, 69, 115, 122
コミュニティ問題···················34

◉さ　行

自己概念···························69
私的財······················144, 145
自発性·····························125
シャーデンフロイデ·················61
社会関係資本················140, 152
社会的アイデンティティ············69
社会的同一化アプローチ
　······················67, 69, 72, 139
社会的同一化理論···················69
じゃがり校·························100
手段としてのブランド··············14
消費コミュニティ················41, 48

信頼……………………9, 93, 142, 148
心理的コミュニティ…………37, 47, 48
垂直的ネットワーク……………143
水平的ネットワーク……………143
ステレオタイプ化………………70
相互作用…………27, 31, 33, 36, 37, 40, 42, 50, 55, 62, 67, 122
相互作用アプローチ………67, 71, 139
相互作用の質……………63, 68, 71
相互作用の方向性………………71
相互作用の量……………63, 68
相互作用の話題…………………71
想像の共同体……………………50
外集団……………………62, 70

◉た 行

対抗的ブランド・ロイヤルティ……61
地域コミュニティ…………………37
地域（性）…………………31, 33, 37
電子書籍……………………………84
同一化……………………………126
道具的価値…………………………66
道徳的責任感………49, 55, 65, 151, 162
同類意識…………………48, 64
トライアンギュレーション…………78
トラッシュトーク…………………74

◉な 行

内容分析……………………………80
認知的社会関係資本………………144
ネット・コミュニティ………………40
ネットワーク…………34, 46, 142, 143
ネトノグラフィー……………77, 78

◉は 行

ハードコア・メンバー…………49, 60
媒介分析……………………………120
バックトランスレーション…………118
表出的価値…………………………66
ブランド…………………………11, 42
ブランド・アイデンティティ
……………………13, 16, 17, 19, 48
ブランド・アタッチメント‥25, 59, 73
ブランド・イメージ…………15, 17, 19
ブランド・エクイティ……………13, 17
ブランド・エクスペリエンス
…………………………13, 19, 21
ブランド・コミットメント
……………………54, 55, 58, 73
ブランド・コミュニティ
……………………27, 42, 43, 44, 47
ブランド・リレーションシップ
……………………17, 21, 22, 73
ブランド・ロイヤルティ
…………13, 17, 23, 28, 55, 58, 59, 73
ブランドが消費者に提供する便益
……………………………………28
ブランド感度…………………………60
ブランド知識………………15, 21, 93
ブランドとの関係（性）
…………49, 50, 52, 54, 56, 57, 73
ブランドとの同一化‥16, 24, 25, 55, 57
ブランド認知…………………………15
ブランドへの愛………………………25
ブランド連想（イメージ）…………13
閉鎖的（な）ネットワーク….143, 144

◉ま 行

マインド・シェア……………………24
メンバー………………………………73
メンバー中心のブランド・コミュニティ概念……………………………51
メンバー同士の関係性…50, 52, 54, 56

◉や　行

弱い紐帯の強み……………………152

◉ら　行

リレーションシップ・マーケティング
……………………3, 4, 7, 10, 21, 22

●著者紹介

羽藤　雅彦（はとう　まさひこ）

2015年 関西大学大学院商学研究科会計学専攻博士課程後期課程修了。博士（商学）
2015年 流通科学大学商学部専任講師
2018年 流通科学大学商学部准教授
2022年 流通科学大学商学部教授
2024年 関西大学総合情報学部教授，現在に至る。

主著：
2017年「相互作用の頻度とブランド・コミットメント」JSMD レビュー，第１巻第１号，11-17。
2017年『よくわかる現代マーケティング（第１章，第４章，第５章，第９章）』（ミネルヴァ書房）
2020年「ブランド・コミュニティにはどんなメンバーが参加しているのか：同一化を軸にした分類」消費者行動研究，第26巻第1/2号，1-22。
2022年「地域創生と観光」（共編著）（千倉書房）

ブランド・コミュニティ ― 同一化が結びつきを強化する

2019年７月１日　第１版第１刷発行
2024年４月10日　第１版第３刷発行

著　者　羽　藤　雅　彦
発行者　山　本　　　継
発行所　㈱中央経済社
発売元　㈱中央経済グループパブリッシング

〒101-0051　東京都千代田区神田神保町1-35
電　話　03（3293）3371（編集代表）
　　　　03（3293）3381（営業代表）
https://www.chuokeizai.co.jp
印刷／㈱堀内印刷所
製本／誠　製　本　㈱

＊頁の「欠落」や「順序違い」などがありましたらお取り替えいたしますので発売元までご送付ください。（送料小社負担）

ISBN978-4-502-31241-0　C3034